# MINDFULNESS
## *para*
# *embarazadas*

## Dr. Santiago Segovia

EDICIONES Cydonia

Ediciones Cydonia S.L.
http://www.edicionescydonia.com
Apartado de Correos 222
PORRIÑO- Pontevedra

© Ediciones Cydonia, 2017
© Santiago Segovia
Diseño de cubierta: Ignacio Docampo
Imágenes: Shuttestock
Maquetación: JGB
Primera edición, septiembre de 2017

# Índice



*La meditación y la manera en la que la atención funciona*

*El cerebro mindful*

*Programa Mindfulness Based Mental Balance (MBMB)*



*Importancia de la prevención del estrés en la gestación*

*Efectos del estrés prenatal sobre la programación genética*

*Efectos del estrés prenatal: estudios en humanos*

*Meditación, estrés y emociones*



*La práctica de la serenidad para prevenir y paliar el estrés*

*La práctica del amor benevolente para facilitar y potenciar el vínculo afectivo materno-filial "in utero"*

# **PRÓLOGO**
## Por Daniel Chumillas
### PSICOTERAPEUTA

HASTA NO HACE MUCHO, CUANDO A LA MAYORÍA de los occidentales se nos sugería meditar, veíamos en nuestra imaginación a un individuo sin apenas ropa, sentado en una posición a primera vista incómoda, con los dedos pulgar e índices juntos y con la mente totalmente abstraída, supuestamente en blanco; quizás algunos podrían incluso agregar un efecto sonoro: el famoso *Ohm* o *Aum*. La reacción automática en la mayoría de las ocasiones era: «Uf, eso no es para mí. Yo no soy una persona religiosa…». Si además alguno tenía el atrevimiento de intentar dejar la mente en blanco, el ataque despiadado de múltiples ideas le acababa de confirmar su sospecha:

—¿Meditar? Muy difícil. Eso es para los orientales.

Por suerte, los tiempos han cambiado y el número de occidentales que nos acercamos a la práctica de la meditación, especialmente al *mindfulness*, es en la actualidad considerable. Tanto es así, que son ya muchas las empresas que incentivan esta modalidad entre sus empleados y cada día más y más profesionales de la Medicina y de la Psicología lo recomiendan como medida terapéutica.

Si traducimos *mindfulness* al castellano, debemos referirnos a un estado de atención plena. Un estado de consciencia enfocada. Ser conscientes del aquí y ahora, y si en ese "aquí y ahora" aparecen pensamientos o no. Si aparecen, bien, y si no aparecen, también bien; porque si el estado ideal es aquel en el que se produce la vacuidad mental, el logro de este estado es a través del *no juicio* o de la ecuanimidad, palabra que cobra pleno sentido cuando asistimos a los talleres del doctor Santiago Segovia. A mí siempre me ha gustado utilizar el símil de los bíceps para explicar el proceso de la meditación y lidiar con la posible frustración del practicante al tomar consciencia de la jaula de grillos que puede ser nuestra mente: cuando queremos desarrollar los bíceps, cogemos una mancuerna y realizamos varias repeticiones en las que tensamos y destensamos el brazo; solo así podremos ejercitar ese músculo. Podemos pensar en la meditación de forma similar: un músculo que con la práctica diaria se va a fortalecer más y más y en el que, sobretodo al principio, se va a producir esa concentración (tensión) y relajación. Estoy unos segundos sin pensar, me relajo de esa concentración y aparecen los pensamientos; me doy cuenta y vuelvo a conquistar esos segundos en los que no pienso, de forma que cada vez que practique aumentará mi capacidad de estar concentrado, enfocado. Y esto siempre sin juicio; sin acusarnos. Encontraremos a lo largo de la obra la sugerencia de varias técnicas, todas ellas sencillas, para conquistar dicha meta-atención.

En el doctor Segovia convergen, por un lado, la experiencia y el estudio de largos años sobre meditación y, por el otro, el conocimiento y la práctica científica que le han llevado a obtener una cátedra de Psicobiología. Podemos, gracias a él, comprender los mecanismos de nuestra mente y asimilar los conceptos orientales de la meditación, aportándoles un contexto científico más comprensible para la mente occidental cuya predominancia es el hemisferio izquierdo.

El *mindfulness* es una práctica libre de connotaciones religiosas que nos va a proporcionar serenidad, concentración, capacidad de adaptación y conocimiento de nosotros mismos a través de la observación ecuánime.

Hemos normalizado el estrés como uno de los precios a pagar para tener derecho a vivir en la sociedad actual. Y que normalicemos algo, que lo hagamos familiar, no significa necesariamente que sea normal. El estrés no es solamente el resultado de algo negativo. Situaciones gratas pueden ser también una fuente de estrés: una mudanza a la casa de nuestros sueños, un cambio de trabajo con mejores ingresos, nuestra boda o ese embarazo deseado. La capacidad de adaptación que nos aporta el *mindfulness* tiene como consecuencia la sensación, y el hecho, de un mayor control sobre nuestra vida. Un embarazo es un proceso sublime; en él se produce la magia de la vida, no exenta de continuos cambios a los que la madre va a tener que adaptarse en primera instancia, pero también el otro progenitor o pareja. Cómo se vivan estos cambios por parte de ambos papás va a ser crucial en el desarrollo afectivo del bebé, y no solamente a nivel psicoemocional, si no también biológico.

En esta obra, el Dr. Santiago Segovia ha hecho el

esfuerzo de simplificar su gran conocimiento sobre la materia. Existe una primera parte más teórica basada en estudios científicos que nos va a ayudar a comprender cuáles son los mecanismos de nuestra mente, cómo funciona y, por tanto, cómo podemos sacar el mayor provecho de ésta. En una segunda parte el doctor nos invita a practicar, a conquistar nuestra mente en base a ese conocimiento y a aplicar las técnicas sencillas y muy efectivas del *mindfulness*, muchas de ellas de cosecha propia, fruto de toda una vida de investigación.

Disfrutad mamás y papás este libro y vivid con plenitud de mente, cuerpo y espíritu el maravilloso proceso de esa nueva vida a la que dais cobijo.

# INTRODUCCIÓN
## El estrés durante el embarazo

EN UN NÚMERO MÁS QUE SIGNIFICATIVO de mujeres, la maternidad es un acontecimiento vital relevante. La gestación es, igualmente, un proceso biológico relevante asociado a la maternidad que implica trasformaciones del cuerpo de la mujer, fisiológicas, psicológicas y socio-económicas, cuya finalidad es permitir el desarrollo fetal de la nueva vida, cuidarlo y asegurar su supervivencia, hacer frente maternalmente a las necesidades del recién nacido y procurar su normal desarrollo neonatal. Dada la importancia a nivel personal y la complejidad biológica y social del embarazo, no es de extrañar que sea un proceso en sí mismo estresante y vulnerable al estrés en general.

La incidencia de estrés psicosocial durante la gestación parece ser más frecuente de lo pensado y deseable en las mujeres gestantes occidentales. Un estudio realizado con una amplia muestra de 1.522 mujeres embarazadas que habían recibido atención prenatal durante el periodo del 2004 a 2008, puso de manifiesto que el 78% de ellas sufría estrés psicosocial (Woods y col. 2010). Junto al estrés psicosocial, las mujeres embarazadas padecen dos alteraciones emocionales más: sintomatología depresiva –la cual es relativamente frecuente–, y estrés específico del embarazo, que son los miedos que la gestante experimenta respecto al embarazo, el parto, la salud y si será capaz de desempeñar su nuevo rol materno de una manera adecuada (Bernazzani y col. 1997; Dunkel-Schetter, 2011). Por otro lado, el estrés no influye de la misma manera en las distintas etapas del embarazo, pareciendo que es aquel sufrido al inicio de la gestación el que tendría mayor impacto emocional y pudiera ocasionar un acortamiento de la gestación (Glynn y col., 2008).

En general, se considera que la formación del vínculo materno-filial es un proceso psicológico que se produce inmediatamente después del parto. Sin embargo, durante la gestación es frecuente que las madres comiencen a generar actitudes, pensamientos y emociones de carácter positivo hacia el embrión y el feto que culminan, con las primeras interacciones sensoriales post-parto, en el establecimiento del vínculo materno-filial (Del Cerro, 2017). Por otro lado, no todas las mujeres desarrollan sentimientos positivos ante su embarazo. Que estos sentimientos sean de felicidad, indiferencia, extrañeza o aversivos depende, obviamente, de muy diversas circunstancias asociadas al momento de la concepción, a los episodios emocionales biográficos de la mujer y de las expectativas generadas. En este sentido, la maternidad no es siempre un acontecimiento sentido como prometedor y feliz y un vínculo materno-filial inadecuado puede ser generador de un apego inseguro y tener consecuencias a largo plazo en la conducta emocional del hijo.

La meditación basada en *mindfulness*, método de meditación de la tradición budista que cuenta con unos

2.500 años de antigüedad, es un recurso ampliamente utilizado en la última década para la auto-regulación de la ansiedad y del estrés. Por otro lado, en el ámbito budista el desarrollo de la serenidad y de la sabiduría se acompaña del desarrollo de la compasión. En Occidente se han desarrollado programas específicos para la reducción del estrés y para la promoción de la compasión. Dichos programas enseñan a auto-regular el estrés o bien a facilitar la compasión y la auto-compasión, pero no explican ambos recursos en conjunto y no están focalizados en las madres gestantes a fin de prevenir los efectos indeseables del estrés durante el embarazo y fomentar el vínculo materno-filial.

En el presente libro proponemos el programa Mindfulness Based Mental Balance-embarazadas (*MBMB-pregnancy*) como metodología de meditación basada en *mindfulness* para mujeres embarazadas. *MBMB-pregnancy* está diseñado para prevenir la ansiedad/estrés que la mujer gestante pueda experimentar en el curso del embarazo como consecuencia de la dinámica de su vida cotidiana y evitar así los efectos indeseables que la ansiedad-estrés sufridos durante la gestación pueden tener en el desarrollo psicobiológico de los hijos. *MBMB-pregnancy* también puede ser empleado para la intervención sobre la ansiedad/estrés como recurso coadyuvante alternativo a la terapia psicofarmacológica en casos de trastornos de ansiedad en mujeres que, por estar embarazadas, no pueden ser tratadas psicofarmacológicamente. Además, mediante la práctica de *MBMB-pregnancy* la mujer gestante puede facilitar y potenciar el sentimiento de amor bondadoso que constituye el núcleo del vínculo materno-filial. De la calidad e instrumentación inteligente de este vínculo dependerá el patrón de apego que el neonato aprenda, el cual, a su vez, marcará su mundo afectivo de adulto.

# I

# PROGRAMA MINDFULNESS BASED MENTAL BALANCE (MBMB)

MINDFULNESS ES LA PALABRA INGLESA con la que se ha traducido otra palabra de lengua pali, el término *sati*. Al parecer fue el erudito T. W. Rhys Davids quien, en 1881, tradujo al inglés la palabra *sati* como *mindfulness* (Gethin, 2011). Rhys Davids fue un funcionario británico que, destinado en Ceilán (actual Sri Lanka), se interesó por la lengua pali, llegando a promover el budismo y el estudio del pali en la Gran Bretaña de finales del siglo XIX y las dos primeras décadas del XX. Estas líneas bastan para darnos cuenta de que *sati* o *mindfulness* son palabras que pertenecen al ámbito budista. Sin embargo, a pesar de que ya se usaba a finales del siglo XIX, no fue hasta 1976 –año en el que el monje budista zen Thich Nhat Hanh, de origen vietnamita, publicó su conocido libro *The Miracle of Being Awake*–, cuando la palabra *mindfulness* empezó a popularizarse, una fama que se ha expandido gracias al programa MBSR (Mindfulness Based Stress Reduction) de Jon Kabat-Zinn (1990).

La popularización de la palabra *mindfulness* es tal que, además de emplearse para designar al movimiento que ha occidentalizado la meditación budista, se está empleando para designar un estilo de meditación como si fuese el *za-zen* o la *vipassana*. Nada más lejos de la realidad, pues *mindfulness* es solo la forma correcta de prestar atención en todos y cada uno de los distintos estilos de meditación budista. Siendo transversal a toda la meditación budista, lógicamente, no puede constituir un estilo de meditación propiamente dicho. Lo correcto es, pues, hablar de programas de meditación o de psicoterapia basados en *mindfulness* (Segovia, 2017).

Sin embargo, antes de toda esta divulgación, traducíamos *sati* al español como "la recta atención" o "manera correcta de prestar atención". Tras el éxito de la palabra inglesa *mindfulness*, nosotros hablamos ahora de "atención plena" y, también, de "consciencia plena", olvidando que, si bien atención y consciencia van de la mano, son dos procesos psicológicos básicos diferentes. Pero, ¿qué es eso de *sati* o *mindfulness* o atención plena? Cuando hablamos de *sati* o *mindfulness* estamos hablando del proceso psicológico de la atención, el cual es universal. Más en concreto, de una forma determinada de prestar atención: la forma correcta en la meditación budista.

Son muchos los autores que han aportado una definición de *mindfulness*. Por ejemplo, para Kabat-Zinn consiste en ser consciente de cada instante (2003/1990) o una conciencia sin juicios que se cultiva instante tras instante mediante un tipo especial de atención abierta, no reactiva y sin prejuicios en el momento presente (2005). También se refiere a *mindfulness* como prestar atención de una manera deliberada, en el momento presente y sin juzgar (2009). Otro autor norteamericano muy conocido, R. Siegel, define *mindfulness* como conciencia de la experiencia presente con aceptación (2011). Vemos que en estas definiciones atención y consciencia se entienden como procesos intercambiables, pero hemos de insistir en que no son idénticos.

Algo que parecen obviar las definiciones habituales de *mindfulness* es que suelen referirse al momento presente o a estar "aquí y ahora", obviando que en su contexto original (el budismo), etimológicamente, la palabra *sati* está emparentada con "recuerdo" o "memoria". Si aceptamos este hecho etimológico, es lógico que nos preguntemos acerca de qué es lo que habría que recordar. Pues recordar volver a prestar atención cuando nos distraemos. Esto significa que *sati* o *mindfulness* cumple una función de meta-atención, es decir, la de una atención vigilante mediante la cual nos damos cuenta de que nos hemos distraído y recordamos volver a prestar atención al soporte de la meditación.

Podríamos definir *mindfulness* como una forma intencionada de prestar atención que permite observar todos los fenómenos que aparecen en el campo de consciencia (momento presente o "aquí y ahora") con una atención pura (no contaminada conceptualmente), sostenida, ecuánime (sin juicios de valor y sin reactividad) y recordando volver diligentemente a este tipo de atención y a lo que estábamos atendiendo cada vez que nos distraemos. Esta forma de prestar atención genera una consciencia serena, lúcida y ecuánime (el estado *mindful* de consciencia. Segovia, 2013, 2017). Dicho estado de consciencia no es distinto del descrito en el vedanta advaita como "Consciencia Testigo", en el budismo chan o zen como "Gran Mente" o "Mente Original" o en la enseñanza Dzogchen como *rigpa*.

# LA MEDITACIÓN Y LA MANERA EN QUE LA ATENCIÓN FUNCIONA

La atención es un proceso psicológico básico universal. Todas las personas, en mayor o menor medida, disfrutan de la capacidad de poder prestar atención. De hecho, se trata de una capacidad que compartimos con los otros vertebrados y que es fundamental para la supervivencia. La función de este proceso psicológico universal es filtrar los numerosos estímulos que hay en el ambiente, dirigiendo o focalizando la consciencia solo en aquellos que resultan relevantes en un momento dado, a fin de iniciar el complejo proceso de dar una respuesta a esos estímulos que sea adaptativa. La atención es necesaria para la búsqueda de alimentos, de líquidos, de parejas sexuales o para defenderse de una amenaza, bien sea afrontándola bien sea huyendo. La atención dirige la consciencia, pero no es la consciencia. La función de la consciencia es darse cuenta. La

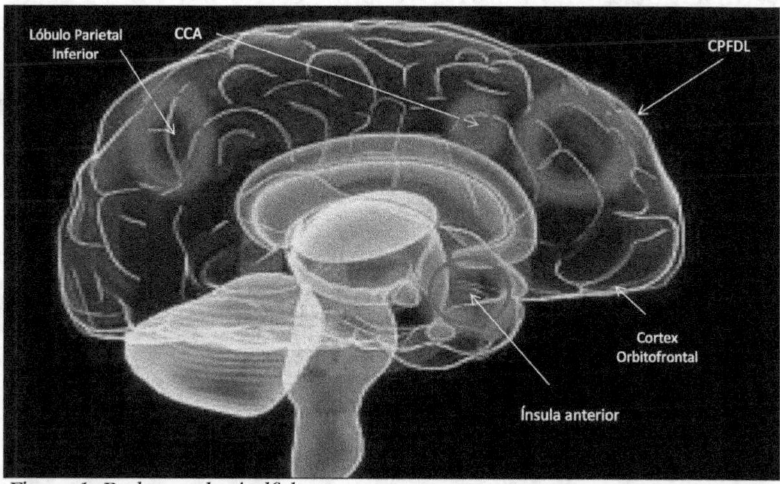


*Figura 1. Red neural mindful.*

atención dirige la consciencia hacia lo que se considera relevante.

La atención realiza su función mediante tres procesos o movimientos. Cuando aparece un estímulo que es considerado como relevante, la atención se orienta hacia él. Es el movimiento de orientación. Una vez que se ha orientado hacia el estímulo, lo "engancha", facilitando que la consciencia se focalice en el estimulo y lo podamos, o no, reconocer. Es el proceso de *enganche.* Pero dado que, digamos, la atención es una vía en la que cabe un solo tren y solo podemos prestar atención a un estímulo cada vez (la famosa atención dividida consiste en que la atención fluctúa muy rápidamente de un estímulo a otro), tras el *enganche* la atención ha de quedar libre para volver a dirigirse a otro estímulo de los muchos que hay en el ambiente. Para ello ha de "desengancharse", siendo el *desenganche* el tercer movimiento o proceso de la atención.

Estos movimientos de la atención son fundamento psicológico de distintas maneras de practicar meditación basada en el *mindfulness,* es decir, basada en la atención plena. Así, por ejemplo, cuando realizamos la práctica de la serenidad, *enganchamos* nuestra atención a un soporte (frecuentemente la respiración), focalizando la consciencia en él y evitando que la atención se *desenganche* de ese soporte. Evitamos distraernos, de manera que la atención se concentra en el soporte y excluye todo los demás. Aquí, como hemos comentado anteriormente, el *mindfulness* funciona, también, como una meta-atención, pues es *mindfulness* lo que vigila y facilita que nos demos cuenta de que la atención se ha desenganchado del soporte, de que nos hemos distraído, recordando, entonces, volver a prestar atención. Durante la práctica de la serenidad, el movimiento dominante de la atención es el *enganche*, el cual permite la concentración. En otras formas de practicar meditación, como es el caso de la práctica de la consciencia sin elección, el movimiento dominante es, sin embargo, el *desenganche*.

# EL CEREBRO 'MINDFUL'

La práctica de la meditación basada en *mindfulness* nos conduce, siempre que se practique correctamente y con perseverancia, al estado *mindful* de consciencia, el cual es el estado que nos permite estar presentes serena, lúcida y ecuánimemente en el "aquí y ahora", en lugar de estar perdidos mentalmente en nuestros pensamientos, rumiaciones y fantasías. Estar atentos al momento presente es lo contrario de estar distraídos e identificados con los cuentos que nos contamos acerca del pasado, el presente o el futuro y tanto el estar atentos al momento presente como estar perdidos en nuestro divagar mental son procesos que tienen un soporte cerebral. La denominada "red neural por defecto" es el conjunto de estructuras cerebrales interconectadas que están implicadas en ese continuo divagar mental que todos experimentamos con mucha frecuencia, mientras que la llamada "red neural *mindful*" constituye la red neural que permite el estado *mindful* de consciencia.

## La red neural por defecto

Cuando estamos descansando y nuestra atención no está focalizada en la realización de una tarea concreta nuestras mentes no están en reposo. Muy al contrario, nuestras mentes suelen estar divagando, identificadas con discursos mentales e imaginaciones sobre vivencias del pasado, sobre el presente o sobre proyecciones de futuro y el cerebro, aunque estemos "descansando", tiene un elevado consumo energético. Este continuo divagar mental se conoce en el argot del la meditación budista como "la mente de mono". Una mente que, cual mono arbóreo, va saltando continuamente de rama en rama y de un árbol a otro. La mayor parte del consumo de energía cerebral no está relacionada con el control del mundo externo, sino que se invierte en procesos internos (Raichle, 2010), por lo que el cerebro tiene una intensa actividad basal durante estados de reposo.

La red neural responsable de esa intensa actividad neuronal cuando estamos en reposo se denomina "red neural por defecto" (Raichle y col., 2001). Se trata de un conjunto de estructuras relacionadas entre sí que tienden a operar conjuntamente cuando nuestras mentes divagan y disminuyen su actividad cuando estamos focalizados en la realización de tareas.

## La red neural 'mindful'

De igual manera que la "mente de mono" tiene un soporte cerebral, también lo tiene la práctica de meditación basada en *mindfulness*, mediante la cual aprendemos a auto-regular esa incesante divagación mental. La red neural fronto-parietal de control (Vincent et al., 2008), la cual está formada por el córtex prefrontal dorsolateral, el córtex cingulado anterior, el lóbulo parietal inferior y la ínsula anterior (Fig. 1), es la red neural *mindful* (Segovia, 2013; Ricard y col., 2015).

Cuando estamos practicando meditación basada en

*mindfulness* y nos distraemos, de manera que nuestra atención y nuestra consciencia dejan de estar *enganchadas* en el soporte de la práctica (normalmente la respiración), se activan áreas cerebrales de la red neural por defecto. Cuando, debido a esa función de meta-atención que tiene *mindfulness,* nos damos cuenta de la distracción, se activan la ínsula anterior y el córtex cingulado anterior, que ya no son regiones que pertenecen a la red neural por defecto, sino a la red neural *mindful.* Al reorientar la atención y la consciencia al soporte de la práctica, se activan el lóbulo parietal inferior y el córtex prefrontal dorsolateral que, igualmente, son áreas cerebrales de la red neural *mindful.* Por último, mientras la atención está puesta nuevamente sobre el soporte de la práctica, el área cerebral que permanece activa es el córtex prefrontal dorsolateral. Las neuronas, salvo que hayan muerto, mantienen siempre actividad eléctrica y neuroquímica, por lo que, al hablar de activación o desactivación neural, estamos realmente refiriéndonos a que una región cerebral está en activación u ocio relativo.

# PROGRAMA MINDFULNESS BASED MENTAL BALANCE (MBMB)

El programa Mindfulness Based Mental Balance (MBMB) o Bienestar Psicológico Basado en Mindfulness (BPBM) es un programa fundamentalmente orientado al desarrollo personal (Segovia, 2017). Su objetivo es que las personas puedan desarrollar en sus vidas, mediante el aprendizaje y práctica de meditación basada en *mindfulness,* un estado de bienestar psicológico sostenido y autónomo de las circunstancias (bienestar eudaimónico). El programa MBMB es el resultado de la experiencia de la práctica personal y de la enseñanza de meditación basada en *mindfulness*, la cual se inició en 1999 cuando empecé a impartir un taller, abierto y gratuito para todas las personas, en la Facultad de Psicología de la UNED, universidad en la que, por aquel entonces, ejercía docencia e investigación como catedrático de Psicobiología. La dilatada experiencia en la enseñanza de MBMB es un aval de su eficacia a la hora de promover bienestar psicológico de forma duradera, ya que hace posible que actitudes y hábitos que proveen bienestar pasen de ser características de estado a características de rasgo. La práctica de MBMB promueve, pues, un proceso de transformación que resulta en una mejora de la calidad de vida psicológica de las personas.

El corazón del programa MBMB es el hecho de que, si queremos sentir bienestar psicológico eudaimónico en nuestra vida, necesitamos estar psicológicamente equilibrados. MBMB está organizado para permitirnos adquirir equilibrio en cuatro áreas de nuestra vida psicológica: la atención, las emociones, las intenciones o motivaciones y las cogniciones o interpretaciones que realizamos acerca de lo que nos sucede (Segovia, 2017). Sin equilibrio en estas cuatro áreas psicológicas no es viable experimentar un sentimiento de bienestar psicológico duradero, estable y autónomo de las circunstancias.

Mediante la práctica correcta del programa MBMB aprendemos a equilibrar o auto-regular nuestra atención y este aprendizaje va ser la base para, a su vez, aprender a auto-regular nuestras emociones, nuestra intencionalidad o motivación (desarrollando motivaciones sanas para nosotros mismos y los demás) y a equilibrar o auto-regular nuestros pensamientos y las interpretaciones que tenemos acerca de la realidad (Segovia, 2017).

Aprender a auto-regular la atención es realmente importante, pues la atención dirige nuestra consciencia (somos conscientes solo de aquello que atendemos) y aquello de lo que somos conscientes constituye nuestra experiencia vital (nuestra vida en definitiva), en un momento dado, de manera que la atención, debido a que selecciona o filtra aquello de lo que somos conscientes, puede, metafóricamente, llevarnos al cielo o al infierno psicológicos.

Actualmente, el programa MBMB se aplica en cuatro áreas: desarrollo personal (MBMB-desarrollo personal), gestión de estrés cotidiano (MBMB-estrés), ámbito educativo (MBMB-*school*) y bienestar durante el embarazo (MBMB-*pregnancy*).

## MBMB-desarrollo personal

Este programa está organizado en tres niveles de enseñanza. En el nivel I aprendemos a desarrollar serenidad y señalamos el estado *mindful* de consciencia. En el nivel II, estabilizamos dicho estado de consciencia y vamos practicando con él en la vida diaria. Además, desde el estado *mindful*, aprendemos a auto-regular nuestras emociones y nuestra intencionalidad. En el nivel III ejercitamos una consciencia *mindful* sin elección y realizamos una auto-regulación de los pensamientos y de la forma en que interpretamos la realidad; es decir, abordamos una reestructuración cognitiva, un cambio en la manera en que comprendemos la realidad (Segovia, 2017).

Cada uno de los niveles consta de un mínimo de 33 horas de enseñanza presencial, distribuidas en cuatro sesiones al mes de una hora cada una de enseñanza fundamentalmente práctica y vivencial. Aunque el programa

MBMB se puede enseñar de forma intensiva, emplear una enseñanza distribuida a lo largo de nueve meses para cada nivel favorece que los alumnos dispongan de suficiente tiempo para compaginar el aprendizaje de la práctica con sus obligaciones diarias y, a la vez, disponer de un periodo razonable para practicar individualmente lo enseñado, conocer las dificultades que encuentran al practicar y asentar su vivencia de la práctica. En cada sesión, la enseñanza práctica presencial está precedida de contextualizaciones teóricas concisas y también se realiza, al menos, una puesta en común en cada sesión, a fin de comentar y dar solución a las dificultades que se puedan dar tanto durante la sesión presencial como en la práctica individualizada. Es muy recomendable que los alumnos completen la enseñanza presencial con, como mínimo, una hora más de práctica individualizada a la semana, ya que la perseverancia es una de las claves para lograr objetivos.

El propósito no es otro que fomentar nuestro desarrollo personal y aprender a procurarnos bienestar psicológico a nosotros mismos y a los demás. No podemos ser felices si no estamos psicológicamente equilibrados. Mediante el programa MBMB equilibramos nuestras emociones, motivaciones, cogniciones y nuestra atención, lo que nos permite acceder a un bienestar psicológico que no depende de elementos externos, sean éstos objetos o personas (Segovia, 2017).

## MBMB-estrés

El objeto de este programa es la prevención del estrés que se genera en la vida diaria, así como la intervención sobre él una vez que lo sufrimos. El núcleo de MBMB-estrés es aprender a desarrollar serenidad siguiendo las mismas instrucciones de MBMB-desarrollo personal para ese aprendizaje. Además, este núcleo se complementa con técnicas para auto-regular el pensamiento disfuncional que aparece cuando padecemos estrés y con técnicas de bienestar psicológico incondicionado.

## MBMB-school

Este programa está estructurado para llevar la práctica de meditación basada en *mindfulness* y sus beneficios a la escuela. El apartado MBMB-*school* tiene dos vertientes: profesores y alumnos. En la primera, el objetivo del programa consiste en enseñar a los maestros y profesores a gestionar el estrés cotidiano y al mismo tiempo promover su desarrollo personal. Respecto a los alumnos, el programa se adecua a cada etapa escolar, desde primaria a bachillerato, y se enfoca predominantemente en la formación del carácter y en el desarrollo de habilidades de relación aunque, sin duda, ello tiene beneficios a nivel de rendimiento académico.

## MBMB-pregnancy

El programa, dirigido a madres gestantes, es el objeto de este libro. La práctica de meditación está dirigida al desarrollo de la serenidad, recurso valioso para prevenir la ansiedad-estrés propios de la gestación y de la dinámica de la vida cotidiana, y a facilitar y fomentar el amor bondadoso hacia la vida que la mujer gestante lleva en su vientre. Dado que el programa va a ser descrito en el capítulo IV, no vamos a dedicarle más tiempo ahora.

# II
# EFECTOS DEL ESTRÉS DURANTE LA GESTACIÓN

PODEMOS DECIR DE UNA MANERA SENCILLA que el estrés es la experiencia que tenemos cuando nos sentimos coaccionados o amenazados. Se trata de un proceso que se desencadena cuando percibimos, generalmente de manera no consciente, que una situación o un acontecimiento son amenazantes o nos demandan tanto que nuestros recursos parecen ser insuficientes, lo cual compromete nuestro bienestar. Consideramos la existencia de dos tipos de estrés:

1) El *eustrés* o estrés positivo, que es el que experimentamos cuando realizamos un esfuerzo en aras de un posible resultado positivo (por ejemplo durante una competición o un concurso), siendo el estrés, entonces, un factor de motivación motivador.

2) El *distrés,* que es a lo que comúnmente nos referimos cuando hablamos de estrés, es lo que experimentamos cuando la demanda del ambiente (por ejemplo social, familiar o laboral) es excesiva respecto a los recursos de afrontamiento que se tienen. El ambiente físico puede

causar estrés, pero el ámbito donde con mayor frecuencia se producen situaciones que generan distrés en las personas es el social. El distrés produce alteraciones fisiológicas y psicológicas.

En términos psicológicos, el estrés (*distrés*) es una experiencia subjetiva de malestar. Ello significa que hay una amplia variabilidad inter-sujetos e, incluso, intra-sujeto. Así, un mismo suceso no genera la misma intensidad de malestar en todos los individuos y en un mismo individuo la intensidad de afectación por el estrés puede variar en función de las circunstancias de su vida. En la experiencia de malestar influyen variables como la manera en que la persona interpreta la coacción o amenaza, el estilo de afrontamiento y los mecanismos psicológicos de defensa que despliega, factores vinculados a su personalidad y el apoyo social, aspecto que potencia la autoestima y la seguridad al sentirse miembro de un grupo.

La primera fase de la respuesta de estrés es la de alarma o ansiedad, la cual puede continuar en el tiempo (fase de mantenimiento) y puede llegar a poner en riesgo la vida del individuo (fase terminal). La fase de alarma o ansiedad y la de mantenimiento difieren en cuanto a los mecanismos neuroendocrinos que se ponen automáticamente en marcha en nuestro organismo. Durante la fase de ansiedad, el organismo, que percibe el estímulo estresante como una coacción o amenaza, se prepara para dar una de las dos respuestas básicas que tenemos biológicamente programadas ante una situación de peligro: afrontar o huir. Esta preparación para afrontar o huir conlleva la activación del sistema nervioso simpático (ver figura 2). Dicho sistema es la división del Sistema Nervioso Autónomo (que se llama así porque sus respuestas no son voluntarias) que se ocupa de activar la musculatura lisa, el músculo cardiaco y las glándulas y que, en el caso de la reacción de alarma o ansiedad, estimula la médula de la glándula suprarrenal para que secrete adrenalina. La secreción de esta hormona resultará en una serie de cambios fisiológicos necesarios, bien para afrontar bien para escapar, como son el incremento del ritmo cardiaco, de la tensión arterial y la partición de macromoléculas de glucosa almacenadas en el hígado para ponerlas a disposición del cerebro y de los músculos.

Si el individuo, afrontando o huyendo, resuelve la situación que le ha generado estrés, ahí acaba todo hasta la próxima ocasión; pero, sin embargo, en la inmensa mayoría de las situaciones sociales que vivimos no nos es posible afrontar ni huir (por ejemplo, no podemos afrontar, habitualmente mediante una agresión verbal o gestual a un jefe o compañero coactivo y tampoco podemos evitar tener que convivir con ellos durante el trabajo; no podemos escapar de ellos). Cuando esto se prolonga en el

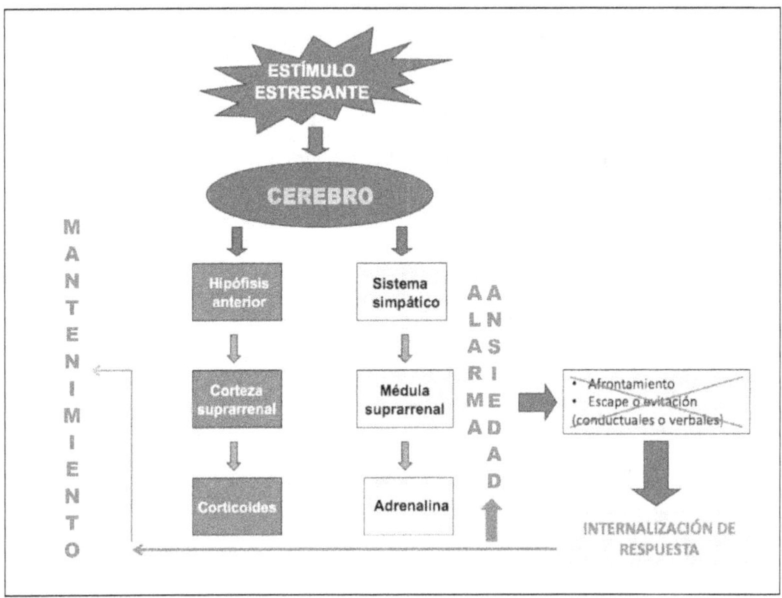


*Figura 2. Fase del mantenimiento del estrés.*

tiempo, la respuesta de ansiedad se internaliza y se pone en marcha la fase de mantenimiento del estrés, durante la cual se activan mecanismos centrales (figura 2): la hipófisis anterior, estimulada por el hipotálamo, estimula, a su vez, la corteza de la glándula suprarrenal para que ésta secrete corticosteroides o glucocorticoides, de los cuales el más comúnmente conocido en la especie humana es el cortisol. Estas hormonas, cuya función es la de ayudar al organismo a soportar el estrés, ponen en marcha procesos que afectan a la regulación de la inflamación, del sistema inmune (son inmunosupresores) y del metabolismo de los carbohidratos, los lípidos y las proteínas para poner más glucosa a disposición del organismo.

Cuando la respuesta de estrés se mantiene durante mucho tiempo, los procesos que se ponen en marcha durante la fase de mantenimiento se tornan lesivos para el organismo. El estrés, que es la segunda causa de baja laboral (la primera son las contracturas musculares que, también, se relacionan con el estrés) se ha asociado a múltiples patologías, tales como:

✓ Contracturas y dolor muscular
✓ Migrañas
✓ Hipertensión
✓ Cardiopatías
✓ Hipercolesterolemia
✓ Trastornos cutáneos
✓ Colon irritable
✓ Úlcera
✓ Inmunodepresión
✓ Cáncer
✓ Disfunciones sexuales
✓ Infertilidad

✓ Complicaciones en el embarazo
✓ Trastornos de ansiedad
✓ Depresión

## IMPORTANCIA DE LA PREVENCIÓN DEL ESTRÉS DURANTE LA GESTACIÓN

El complejo proceso de desarrollo intra y extra-uterino del ser humano está genéticamente programado. Sin embargo, diversos factores –llamados epigenéticos–, pueden, durante ciertos periodos críticos, alterar el curso del programa genéticamente establecido. De esta manera, durante la gestación órganos y tejidos pueden ser reprogramados *in utero* por de la acción de factores epigenéticos durante periodos críticos, teniendo como consecuencia alteraciones estructurales y/o funcionales en la vida adulta. Se ha definido la reprogramación fetal como la readecuación fisiológica que se produce en un tejido o en un órgano por efecto de un estímulo o daño precoz en un periodo sensible del desarrollo fetal, lo que resulta en consecuencias funcionales adversas a largo plazo (Lucas, 1991).

Es conocido que las hormonas que se secretan durante la ansiedad y el estrés (adrenalina y corticosteroides, respectivamente), atraviesan la barrera placentaria, de manera que el embrión y el feto son vulnerables a posibles efectos indeseables de estas hormonas. Esto significa que el embrión o el feto de una madre estresada está expuesto al mismo clima hormonal al que está expuesta la madre debido al estrés. Este hecho ha suscitado el interés científico acerca de los posibles efectos teratogénicos estructurales y funcionales que pudiera tener el estrés durante la gestación sobre el embrión y el feto y sus consecuencias postnatales. Estos cambios hormonales en la madre resultan en una reprogramación en el feto cuyas consecuencias pueden advertirse durante el desarrollo postnatal e, incluso, en la edad adulta.

El trabajo científico realizado sobre los posibles efectos del estrés sufrido durante la gestación es numeroso y variado. Un importante número de ellos está realizado con modelos animales, investigación que en buena medida ha guiado los estudios realizados en humanos. A continuación, de entre la ingente cantidad de publicaciones científicas al respecto, vamos a exponer resumidamente algunas que consideramos representativas.

## EFECTOS DEL ESTRÉS PRENATAL SOBRE PROGRAMACIÓN GENÉTICA: Modelos animales

Gracias a los estudios experimentales realizados en modelos animales podemos tener una idea relativamente precisa de cómo se produce la diferenciación sexual, proceso complejo y sumamente importante para la reproducción y la supervivencia de las especies. Sabemos que, en los mamíferos, la determinación de sexo de las gónadas (ovario o testículo) está determinada por el cromosoma Y. La presencia de este cromosoma en la dotación genética heredada hace que el ovotestis del embrión, que está indiferenciado, se diferencie hacia un testículo funcional, es decir, hacia una gónada masculina capaz de secretar el andrógeno testosterona, que va a ser la hormona encargada de poner en marcha la diferenciación sexual hacia macho, proceso que empieza a nivel del tracto genital y que culmina en los niveles cerebrales y conductuales (para una revisión sobre la diferenciación sexual del cerebro: Guillamón y Segovia, 2007).

Los andrógenos masculinizan el cerebro y la conducta reproductora de los machos durante periodos críticos (periodos de máxima susceptibilidad de las neuronas y otras células para la acción de los andrógenos) realizando dos acciones: una de organización y otra de activación. Durante periodos tempranos del desarrollo (perinatales) la presencia o no de andrógenos organiza estructuralmente el cerebro hacia un cerebro masculino o femenino y, más tarde, en la adolescencia y el tiempo adulto, activan esas estructuras cerebrales para hacer posible la expresión de conductas reproductoras (sexual y maternal). Sobre estos procesos genéticamente programados pueden actuar actúan una serie de factores, llamados epigenéticos, que pueden alterar el proceso de diferenciación sexual, especialmente el que se produce a nivel cerebral y, consecuentemente, a nivel conductual. Los estudios realizados con modelos animales nos señalan que el estrés (producido en los modelos de experimentación animal mediante inmovilidad, ruido o leve aumento de la temperatura ambiental) es uno de esos factores epigenéticos que pueden alterar el curso de la diferenciación sexual.

En 1972, Ward publicó en la prestigiosa revista científica *Science* un artículo en el que exponía los hallazgos encontrados sobre la conducta sexual de ratas macho que habían sido expuestas a estrés prenatal (*in utero*) o postnatal. Lo que Ward observó fue que la ratas macho cuyas madres habían sufrido estrés durante su gestación presentaban, en su etapa adulta, menores niveles de conducta sexual masculina (monta) y mayores tasas de conducta sexual femenina (lordosis o arqueamiento del lomo), mientras que el estrés postnatal no tuvo efecto alguno sobre la conducta sexual. Ward concluyó que este cambio en la frecuencia de expresión de la conducta sexual propia del género masculino estaba causada por el estrés recibido prenatalmente *in utero*, el cual habría hipotéticamente alterado, durante el periodo crítico de diferenciación sexual del macho, el equilibrio entre los andrógenos de origen testicular y los de origen adrenal. En concreto, el estrés pudiera haber causado un incremento de un andrógeno llamado androstenediona en el córtex adrenal del feto, de la madre o de ambos, provocando un decremento de la testosterona gonadal.

Este trabajo pionero abrió una línea de investigación acerca de los efectos indeseables del estrés durante la gestación. Años más tarde (1977), el mismo autor replicó el efecto del estrés prenatal, realizando otro experimento con animales de la misma especie, concluyendo que las crías macho de hembras gestantes estresadas presentaban, en su edad adulta, una conducta sexual masculina severamente alterada y que ello podría deberse a que el estrés causaba un decremento de la secreción de testosterona en los testículos fetales. Hay que aclarar que en una especie como la rata, la adecuada secreción de testosterona testicular durante un periodo entorno al día del nacimiento es imprescindible para que se produzca la masculinización del cerebro y la conducta sexual del macho. Si en ese periodo crítico perinatal esta secreción no se produce, el cerebro del macho no se masculiniza, la emisión de su conducta sexual típica se ve seriamente alterada y es capaz de emitir más frecuentemente y con mayor facilidad la conducta sexual propia de la hembra. Por otro lado, el estrés prenatal parece tener consecuencias distintas en función del género. En los machos, el estrés maternal incrementa los niveles de corticosterona en el cerebro fetal, disminuye los niveles de testosterona e induce una reducción de la neurogénesis en el hipocampo y déficit en el aprendizaje. Sin embargo, en las hembras prevalece la aparición de ansiedad, depresión y una respuesta del eje hipotálamo-hipofisario-adrenal incrementada (Weinstock, 2007).

En roedores como la rata, las hembras siguen, al parir, un complejo repertorio de conductas encaminadas al cuidado de las crías. Esta conducta maternal incluye actividades preparto como hacer el nido y actividades postparto como limpiar a las crías, amamantarlas y traerlas al nido cuando éstas se alejan de él. Es más, usando un modelo de adopción, induciendo la conducta maternal por exposición al olor de las crías de otras madres, las hembras vírgenes son capaces de, tras varios días de exposición, producir el repertorio conductual encaminado al cuidado de crías que no han parido ellas, construyendo un nido, limpiándolas, devolviéndolas al nido cuando se alejan y adoptando la postura de amamantamiento muy a pesar de no ser lactantes. Por el contrario, los machos no realizan este tipo de conductas cuando son expuestos a las crías y, con frecuencia, realizan infanticidio.

Las madres que han sido expuestas a estrés ambiental durante la última semana de gestación siguen una conducta maternal desorganizada y de pobre calidad y sus crías hembra acusan las consecuencias de este estrés recibido *in utero* de manera que, cuando son adultas y son expuestas a la adopción de crías de otras madres, realizan en menor porcentaje la conducta maternal y ésta está desorganizada y es de peor calidad, llegando a cometer infanticidio, conducta que es típica de los machos. También, presentan una respuesta corticoadrenal incrementada y algunas estructuras cerebrales masculinizadas (Pérez-Laso y col., 2008; Del Cerro y col., 2015). Estos efectos indeseables sobre la conducta maternal del estrés padecido *in utero* parecen atenuarse o revertirse cuando las crías hembra son cuidadas por madres que no han sido expuestas a estrés ambiental durante el embarazo, aunque no así las consecuencias sobre la actividad corticoadrenal o sobre el cerebro (Del Cerro y col., 2010).

Respecto a los machos, una conducta maternal desorganizada y de mala calidad parece actuar como el estrés, ya que, en un modelo de adopción, la crías macho que son expuestas a ser cuidadas por madres estresadas durante la última semana de gestación, y que presentan una conducta maternal desorganizada y empobrecida, se desmasculinizan en ciertas estructuras cerebrales, tienen menores niveles de testosterona y son capaces de realizar con facilidad conducta maternal (Pérez-Laso y col., 2013).

El estrés prenatal no solo tiene efectos a largo plazo a nivel del eje reproductivo, sino que también los tiene a nivel de procesos superiores como el aprendizaje y la memoria. Smith y col. (1981) realizaron en roedores uno de los primeros trabajos en los que se investigaron los efectos del estrés prenatal sobre la capacidad de aprendizaje de las crías, observando que el estrés prenatal causaba déficit en el aprendizaje. Algunos años más tarde, Weller y col. (1986) comprobaron también que el estrés durante la gestación ocasionaba en las crías cuando adultas déficit en el aprendizaje e hiperactividad. Más recientemente, diversos estudios han seguido poniendo de manifiesto los efectos que el estrés prenatal tienen sobre funciones cognitivas y afectivas. Así, sabemos que el estrés prenatal incrementa la vulnerabilidad al estrés cuando las crías ya son adultas (Fride y col., 1986; Green y col, 2011) y que, además de causar bajo peso al nacimiento, el estrés sufrido durante la gestación deteriora las habilidades para aprender a extinguir el miedo (Li y col., 2014).

El ruido es también un factor de estrés durante la gestación, causando en la vida postnatal ansiedad y deterioro de la memoria espacial y de la plasticidad del hipocampo, estructura cerebral relacionada con el aprendizaje y la memoria espacial (Barzegar y col., 2015). En este sentido, sabemos que el estrés prenatal inhibe la neurogénesis en el hipocampo (Lemaire y col., 2000). Un deterioro análogo de la memoria espacial fue hallado por Benoit y col. (2015), señalando estos autores que el estrés prenatal también afecta al reconocimiento de objetos. En un estudio con ratones, Lee y colaboradores (2016) investigaron los efectos de la exposición prenatal al estrés social y no social sobre las funciones cognitivas y afectivas. Ratones hembra preñadas que fueron sometidas a estrés social repetido o estrés de restricción y sus crías fueron, tras el parto, testadas con una batería de pruebas de comportamiento para evaluar sus funciones cognitivas y afectivas. Los autores de este estudio encontraron mayor ansiedad y menor interacción social en los ratones adultos que habían sido expuestos *in utero* tanto a estrés social como a estrés de restricción. En contraste, la memoria espacial se vio afectada por el estrés de retención prenatal, pero no por el estrés social.

La capacidad atencional también se ve afectada por el estrés prenatal. Las ratas expuestas repetidamente al estrés prenatal muestran signos de comportamientos similares a la esquizofrenia, como el retraimiento social, incremento de actividad locomotora inducida por anfetamina, déficit en la conducción sensorio motor y deterioros en el desempeño de las tareas relacionadas con la memoria. Igualmente, el estrés prenatal ocasiona, durante la edad adulta, déficit en la capacidad de atención sostenida y en el control de respuestas inhibitorias, alteraciones que no solo encontramos en un trastorno como la esquizofrenia, sino también en el déficit de atención con hiperactividad (Wilson y col., 2012).

En cuanto a procesos cognitivos, los trabajos realizados

con roedores, machos y hembras no parecen mostrar la misma vulnerabilidad al estrés prenatal. Los machos expuestos a estrés *in utero* durante la tercera semana de gestación, se ven más afectados en su etapa adulta que las hembras cuando realizan tareas como reconocimiento de objetos, condicionamiento del miedo y tareas que exigen memoria de trabajo y de referencia para objetos y localizaciones espaciales (Markham y col., 2010). Por último, el estrés prenatal tiene también la capacidad de alterar la morfología de neuronas en algunas estructuras cerebrales. Se ha observado que ratas expuestas a estrés prenatal alteran la morfología de neuronas del hipocampo (involucrado principalmente en al memoria espacial) y el núcleo *accumbens* (implicado en la integración entre motivación y acción motora) e incrementan la actividad motora en ratas (Martínez-Téllez y col., 2009).

La literatura científica realizada en modelos animales sobre este tema es muy extensa, pero basten los trabajos aquí expuestos para darnos cuenta de que el estrés durante la gestación tiene efectos a largo plazo en las crías, persistiendo en edad adulta y de la importancia de su prevención y/o tratamiento.

## EFECTOS DEL ESTRÉS PRENATAL: ESTUDIOS EN HUMANOS

Es bien conocido que las perturbaciones inducidas por el estrés del medio materno se transmiten al embrión a través de la placenta, el intermediario materno-fetal responsable del mantenimiento de la homeostasis intrauterina (Bronson y Bale, 2016). A este respecto, los estudios científicos señalan que la depresión, la ansiedad, el estrés y las experiencias vitales adversas son factores que, sufridos durante la gestación, predicen la susceptibilidad a padecer problemas psicológicos a lo largo de la vida. En concreto, sabemos que el estrés maternal durante la gestación predispone al parto prematuro y bajo peso al nacimiento, a que los hijos sufran trastornos neuropsicológicos del desarrollo tales como la esquizofrenia, trastornos del espectro autista, trastorno por déficit de atención/hiperactividad, conductas agresivas y problemas emocionales. En este sentido, los resultados de la investigación son extraordinariamente significativos, asociando esos factores a una reprogramación disfuncional del desarrollo cerebral y psicológico del feto, causante de alteraciones a largo plazo en el niño. Todo ello nos pone en la alerta de la importancia de prevenir y aliviar el estrés durante la gestación.

En relación con el parto prematuro, los estudios realizados no aportan claridad definitiva respecto a la incidencia del estrés durante la gestación. No obstante, una revisión de la literatura científica al respecto, realizada por Dunkel-Schetter y Tanner (2012), evidenció que el riesgo de que mujeres que habían padecido acontecimientos significativos en su vida y factores estresantes crónicos tuvieran un parto prematuro era de 1,4 a 1,8 veces superior. El riesgo de muy bajo peso al nacer fue 1,5 veces superior en madres que manifestaron que "casi siempre" sintieron estrés durante la gestación (Sable y Wilkinson, 2000).

Estudios realizados a principios de siglo ya corroboraban los resultados y las conclusiones obtenidas de los trabajos realizados con modelos animales. Así, O'Connor y col. (2002 y 2003) pusieron de manifiesto que niños cuyas madres habían experimentado altos niveles de ansiedad en el último periodo de la gestación presentaban altas tasas de problemas emocionales y conductuales a los cuatro años y también más tarde, sobre los siete años de edad. Estos autores enfatizaban la persistencia en los niños de los efectos indeseables del estrés sufrido *in utero*. Al igual que lo que los estudios con modelos animales indicaban, hay diferencias de género en cuanto a la afectación emocional y cognitiva. Así, la ansiedad materna sufrida entre la semana 12 y 22 de gestación se asocia con la aparición de síntomas depresivos solo en niñas adolescentes (Van den Bergh y col., 2008), mientras que la ansiedad experimentada por las madres en un periodo comprendido entre las semanas 15 y 37 de gestación se asocia, a una edad comprendida entre los 6 y 9 años, con un menor control inhibitorio en las niñas y menor ejecución de la memoria visuespacial en niños y niñas (Buss y col., 2011).

El estrés prenatal durante el tercer trimestre de la gestación incrementa significativamente el riesgo de que los hijos padezcan trastornos del espectro autista y trastorno de déficit de atención e hiperactividad (Class y col., 2014; Park y col., 2014). El estudio ALSPAC (*Avon Longitudinal Study of Parents and Children*), realizado por investigadores de la Universidad de Bristol (Fraser y col., 2012), es un importante estudio de seguimiento por su magnitud y relevancia de los resultados y cuyo objetivo era comprender cómo las características genéticas y ambientales pueden influir en la salud y el desarrollo de padres e hijos. El estudio se inició en 1992, en el condado de Avon (sudoeste de Inglaterra), y para su realización se reclutó una muestra de 13.867 mujeres embarazadas. Este estudio puso de manifiesto, en relación con la ansiedad materna sufrida en la semana 32 de gestación, la aparición de hiperactividad y déficit de atención en los hijos de cuatro años, observándose la persistencia de este problema a los siete años de edad. Se observó, también, que niveles altos de ansiedad materna durante la semana 18 de gestación estaba asociada a una mayor incidencia de niños zurdos o con problemas de lateralidad.

En otro estudio longitudinal realizado en China (Zhu y col., 2015), se evaluaron a los 48-54 meses de edad postnatal síntomas de trastorno por déficit de atención e hiperactividad a los hijos de 1.765 mujeres que habían sufrido estrés severo durante la gestación. Los autores de este estudio encontraron que los niños cuyas madres experimentaron estrés severo durante el segundo trimestre de gestación tienen un significativo incremento del riesgo de padecer trastorno por déficit de atención con hiperactividad en comparación con los nacidos de madres que no sufrieron estrés. Este incremento del riesgo a desarrollar déficit de atención con hiperactividad no se observó, sin embargo, en las niñas. Además, los niños que habían sufrido estrés *in utero* presentaban con mayor frecuencia un estilo evitativo de afrontamiento de situaciones problemáticas y menor apoyo social. Igualmente, un estudio realizado en Dinamarca puso de manifiesto que hijos nacidos de madres que habían sido afligidas por el fallecimiento inesperado de un hijo o del cónyuge presentaban un riesgo aumentado al 72% de padecer trastorno por déficit de atención con hiperactividad (Li y col., 2010).

En otro estudio prospectivo, realizado con una amplia muestra de 2.900 mujeres embarazadas, se evaluó la experiencia materna de eventos estresantes durante la gestación y, cuando la descendencia tenía dos años, las madres completaron una lista de control del comportamiento infantil. La regresión múltiple mostró que los eventos estresantes maternos durante el embarazo predijeron significativamente, tanto en niños como en niñas, los comportamientos de trastorno por déficit de atención con hiperactividad y rasgos autistas en la descendencia. Los autores de este estudio concluyeron que el estrés prenatal, en forma de típicos eventos estresantes de la vida como el divorcio o un movimiento residencial, tiene una asociación pequeña pero significativa, tanto con rasgos autistas como con comportamientos de trastorno por déficit de atención con hiperactividad de forma independiente, en descendientes a los dos años, después de controlar otras covariables prenatales, obstétricas, posnatales y sociodemográficas (Ronald y col., 2011). Además, se ha observado que los niños con trastorno por déficit de atención con hiperactividad cuyas madres habían experimentado estrés moderado e intenso durante la gestación tienden a desarrollar una sintomatología más severa que aquellos cuyas madres no sufrieron estrés durante el embarazo (Grizenko y col., 2008).

Con respecto a otras conductas, el estrés maternal durante el embarazo se ha relacionado también con un comportamiento agresivo en la descendencia y este efecto se ha interpretado, también, en términos de "programación fetal". Un alelo del receptor humano de dopamina (D4) parece estar consistentemente asociado con problemas de conducta cuando están presentes factores ambientales adversos. En una muestra de 308 participantes, los niños, que fueron evaluados a los 8, 11 y 15 años de edad, portadores de ese alelo y cuyas madres habían experimentado estrés prenatal elevado presentaron significativamente mayor riesgo, siguiendo los criterios diagnósticos de DSM-IV, de ser diagnosticados de trastorno de la conducta y/o trastorno oposicionista desafiante de la conducta. (Zohsel y col., 2014 ). Este estudio es el primero en reportar una interacción gen-ambiente relacionada con receptor de dopamina (D4), el comportamiento antisocial infantil y el estrés materno prenatal usando datos de un estudio prospectivo. Por otro lado, en relación con cambios en la programación del eje reproductor y la orientación sexual, Ellis and Cole-Harding (2001) han publicado, en un estudio realizado con madres de hombres homosexuales, que estas madres reportaron altos niveles de estrés, especialmente en los dos primeros meses de gestación, en comparación con madres de hombres heterosexuales.

Por último, vamos a referirnos a dos áreas de estudios más acerca de los posibles efectos indeseables del estrés prenatal sobre la salud de los hijos. El parto prematuro y el bajo peso al nacimiento es una de estas áreas. Se considera parto prematuro aquel que tiene lugar a una edad de gestación inferior a las 37 semanas y es un acontecimiento que plantea un problema de salud pública internacional, dado que los niños críticamente prematuros tienen mayor riesgo de mortalidad neonatal y de padecer enfermedades por supervivencia. Debido a esto y teniendo en cuanta el conocimiento obtenido, principalmente de los modelos animales, sobre los efectos indeseables del estrés gestacional, éste ha sido estudiado como un factor de riesgo de prematuridad y bajo peso al nacimiento.

En un estudio prospectivo realizado en Alberta (Canadá) con una muestra de 3.021 mujeres, se investigó el efecto del estrés psicosocial acumulado sobre el riesgo de prematuridad y se encontró que el estrés psicosocial acumulado fue un factor de riesgo estadísticamente significativo para el parto prematuro tardío, pero no para el parto prematuro precoz (McDonald y col., 2014). Los autores concluyen que los altos niveles de estrés psicosocial y de afecto negativo son factores que contribuyen a la prematuridad. Un reciente meta-análisis realizado con 92 artículos que investigaban la relación entre el estrés prenatal y el parto prematuro arroja conclusiones similares, ya que los hallazgos consistentes indican una asociación significativa entre la ansiedad materna prenatal y parto prematuro (Rose y col., 2016).

Los autores concluyen que programas prenatales diseñados para reducir la ansiedad materna durante el embarazo podría disminuir la carga que el parto prematuro tiene sobre los sistemas de salud. En España, los partos prematuros han aumentado significativamente y algunos medios lo atribuyen al estrés laboral durante la gestación y a los tratamientos de fertilidad.

La segunda área a la que nos referíamos se relaciona con la enfermedad física, puesto que las consecuencias a largo plazo de la exposición al estrés, especialmente durante los periodos de desarrollo sensibles, sobre el inicio y la progresión de muchos trastornos físicos comunes complejos que confieren una carga global importante de la enfermedad están bien establecidos. El período de vida intrauterina representa entre las más sensibles de estas ventanas, momento en el que los efectos del estrés pueden transmitirse intergeneracionalmente de una madre a su hijo aún no nacido (Shalev y col., 2013). En la posible relación entre el estrés gestacional y la aparición de enfermedad física, se ha estudiado el papel que podría jugar la reducción de la longitud de los telómeros (parte extrema de los cromosomas que contiene ADN). Ésta se va acortando, como consecuencia de las sucesivas divisiones celulares que tienen lugar en nuestra vida, a medida que vamos cumpliendo años y es por ello que la longitud de estos extremos de los cromosomas puede ser considerada como un predictor de la aparición enfermedades relacionadas con la edad y la mortalidad.

Entringer y col. (2011) han puesto a aprueba la hipótesis de que la exposición al estrés durante la vida intrauterina está asociada con un acortamiento de los telómeros. Para poner a prueba esta hipótesis, emplearon una muestra de 94 adultos jóvenes sanos, de los cuales 45 eran hijos de madres que habían sufrido estrés severo durante la gestación y 49 lo eran de madres que no habían sufrido estrés, y midieron la longitud de los telómeros en células sanguíneas implicadas en nuestra inmunidad, como son los leucocitos. Lo que estos autores hallaron fue una correlación negativa entre la longitud de los telómeros de los leucocitos y el estrés padecido durante la gestación, de forma que los telómeros de los leucocitos de los hijos cuyas madres sufrieron estrés severo durante el embarazo eran significativamente más cortos que aquellos de los hijos que no sufrieron estrés intrauterino. Este estudio pone de manifiesto que el estrés prenatal puede ser un predictor del acortamiento de los telómeros y, por tanto, de cuándo comienzan enfermedades relacionadas con el envejecimiento y la muerte (Entringer y col., 2011; Shalev y col., 2013).

Los datos que hemos revisado aquí, que son solo una parte de la abundante literatura sobre el tema, nos señalan claramente la necesidad de desarrollar programas en los que, más allá de los habituales de preparación para el dolor del parto, las madres gestantes puedan integrarse a fin de prevenir las consecuencias indeseables que el estrés materno puede tener sobre la salud física y mental de sus hijos a corto y largo plazo.

## MEDITACIÓN, ESTRÉS Y EMOCIONES

Los posible efectos beneficiosos de la práctica de meditación sobre el estrés vienen siendo estudiados de manera sistemática desde la década de los setenta del siglo pasado. Sabemos, por ejemplo, que la práctica de meditación transcendental (un tipo de meditación en la que se usa un mantra):

a) Disminuye el consumo de oxígeno por parte de

los músculos y reduce la producción de dióxido de carbono muscular, lo que es un indicador de relajación muscular.

b) Disminuye el número de latidos cardiacos y de respiraciones por minuto.

c) Disminuye el lactato en sangre (el incremento de lactato está relacionado con la ansiedad).

d) Disminuye la activación del sistema nervioso autónomo.

e) Reduce la presión sanguínea.

f) Reduce los niveles de cortisol, hormona íntimamente relacionada con el estrés, tanto durante las sesiones de meditación como fuera de éstas (Jevning y cols., 1992 y Murphy y Donovan, 1997).

Respecto a la práctica de meditación basada en *mindfulness*, también sabemos que tiene efectos beneficiosos sobre el estrés. Recordará el lector que la conocida como "red neural por defecto" es la red neural que da soporte cerebral a la divagación mental ("mente de mono") que invade nuestras vidas. Pues bien, diferentes estilos de meditación basados en *mindfulness* (serenidad, amor-compasión, consciencia sin elección) desactivan la red neural por defecto en meditadores experimentados en contraste con meditadores noveles (Brewer y col., 2011). Por su parte, Davidson y col. (2003) encontraron, en contraste con no meditadores, un mayor incremento de la activación cerebral en áreas anteriores y medias del hemisferio cerebral izquierdo, la cual está relacionada con una disposición emocional positiva.

Creswell y col. (2007) pusieron de manifiesto que una actitud *mindfulness* en practicantes avanzados está relacionada con una activación prefrontal y con la reducción de la activación de la amígdala (estructura cerebral que está ampliamente activada cuando sentimos miedo) en una tarea de etiquetado de emociones. A su vez, Taylor y col. (2011) pusieron de manifiesto que durante el procesamiento emocional de estímulos aversivos los meditadores experimentados exhibían una desactivación de la red neural por defecto sin que apareciese respuesta alguna en regiones implicadas en la reactividad emocional. Estos autores concluyen que la meditación induce, con el tiempo de práctica, estabilidad emocional. También, más recientemente, Doll y col. (2016) han descrito que, en sujetos entrenados durante dos semanas en la práctica de atención plena a la respiración y, entonces, estimulados con imágenes aversivas, pero prestando atención a la respiración mientras atendían pasivamente a esas imágenes, la atención plena a la respiración fue efectiva en la regulación emocional.

Por último y en relación con la consecuencia estructural del estrés *in utero* sobre los telómeros, sabemos que un entrenamiento intensivo de meditación de serenidad y amor-compasión, el cual es análogo al entrenamiento del programa *MBMB-pregnancy*, es capaz de incrementar la actividad de la enzima telomerasa en células mononucleares (componentes del sistema inmune) de sangre periférica (Jacobs et al., 2011). La enzima telomerasa tiene la función de reconstruir y alargar los telómeros celulares y su actividad es significativamente disminuida por el estrés.

Los conocimientos que aportan estos estudios ponen de manifiesto que la meditación basada en *mindfulness* es un recurso adecuado para que las madres gestantes puedan prevenir los efectos de la ansiedad y el estrés derivados de la gestión de la vida cotidiana e, incluso, para coadyuvar al tratamiento de estos problemas psicológicos en aquellos casos en los que esté contraindicado la prescripción de psicofármacos debido, precisamente, a la condición de gestante. En este sentido, una reciente revisión sistemática de los efectos de intervenciones basadas en *mindfulness* sobre el bienestar de las gestantes señala que el *mindfulness* tiene beneficios potenciales en la reducción de la ansiedad, la sintomatología depresiva y el afecto negativo durante la gestación, siendo estos efectos más pronunciados en grupos de mujeres vulnerables que experimentan escaso bienestar durante el embarazo (Matvineko y col., 2016).

# III
# EL VÍNCULO MATERNO-FILIAL TEMPRANO

DEBEMOS A JOHN BOWLBY (1907-1990), psiquiatra y psicoanalista británico, lo que él mismo denominó "teoría de apego" (1958, 1969, 1973 y 1975). Bowlby, enfocando etológicamente el desarrollo infantil, elaboró su teoría principalmente a raíz del estudio que, durante la posguerra de la Segunda Guerra Mundial, le encargó la Organización Mundial de la Salud acerca de los niños que habían perdido su hogar. La teoría del apego nos plantea que la calidad de los cuidados parentales, especialmente maternales, y su continuidad son necesarios y fundamentales para el buen desarrollo psicológico del niño. La teoría del apego pone en evidencia que los seres humanos (y también otros primates) tenemos la tendencia a establecer fuertes lazos afectivos con determinadas personas y que esa tendencia se desarrolla, al nacimiento y en la infancia temprana, con las figuras parentales de apego o con aquellas que las sustituyan, de manera que el niño establece en la infancia temprana, mediante el apego, modelos operativos internos de sí mismo y de la forma de relacionarse afectivamente con otras personas (Marrone, 2009). Se trata de una conducta cuya función biológica es la de protección y se enmarca en el contexto de la supervivencia del individuo y de la especie. El apego está regulado tanto por componentes preprogramados genéticamente (que es lo que el enfoque etológico de Bowlby plantea) como aprendidos, los cuales se adquieren durante la interacción con el niño.

Fueron una serie experimentos realizados con monos Rhesus dirigidos por Harry Harlow (1958, 1962), los que aportaron solidez experimental a la teoría del apego. Los experimentos de Harlow son considerados actualmente de dudosa ética científica pero, paradójicamente, aportaron importantes evidencias experimentales a las evidencias de observación que ya sustentaban las ideas de Bowlby. Harlow separó crías Rhesus de sus madres para estudiar las consecuencias de la privación maternal. Una vez separadas las crías de sus madres, Harlow las expuso a elegir entre una madre simulada construida de alambre y con un biberón o una madre simulada, con estructura de alambre también, recubierta de una felpa suave, pero sin biberón. Lo sorprendente fue que las crías se abrazaban más frecuentemente a la madre simulada de felpa y sin biberón que a la que tenía biberón. Esto ponía de manifiesto que el contacto físico y la calidad de éste –y no la comida– eran el fundamento del vínculo materno-filial. Las crías se abrazaban con más fuerza a la madre simulada de felpa cuando, al ser sometidas a estímulos estresantes, tenían miedo, lo cual sugería que en ese contacto físico la búsqueda de seguridad era un aspecto dominante. Es más, cuando en esas condiciones de estrés se les privaba del refugio seguro de la madre simulada de felpa, las crías daban muestras de miedo y desesperación buscando a esa figura materna con la que, aunque fuese simulada, habían establecido apego.

Harlow observó, también, que la privación prolongada de la madre y el aislamiento alteraba seriamente el comportamiento de los monos y que esta alteración dependía del tiempo de aislamiento y privación, pudiendo llegar a dejar a los monos en un estado parecido a la catatonia. Estas crías privadas maternal y socialmente mostraron severos problemas de relación social durante la edad adulta. Estos problemas llegaban a ser, en las hembras, de naturaleza reproductora, pues su conducta sexual no permitía que se quedasen embarazadas. Harlow diseñó un procedimiento (actualmente de dudosa ética científica, aunque hay que considerar que entonces no existían las técnicas de reproducción asistida de las que disponemos ahora) para hacer posible que se quedasen embarazadas. Lo relevante que se observó fue que estas madres que habían sufrido privación maternal y social cuando eran crías expresaban una conducta maternal alterada y deficiente con sus crías.

Años más tarde, Ainsworth y col. (1978) realizaron un relevante estudio en Uganda sobre la naturaleza de los vínculos en bebés sin destetar. Este estudio fue fundamental para conocer que existen varios tipos o clases de apego. Ainsworth y sus colegas describieron la existencia de tres patrones diferentes de apego: el apego seguro, el apego inseguro ambivalente o resistente y el apego inseguro evitativo o elusivo. Posteriormente, Main y col. (1985) describirían un cuarto tipo de apego: el apego desorganizado. Los patrones de apego se improntan tempranamente dando lugar a modelos internos de relación afectiva, social y de percepción de uno mismo que, si no se modifican, duran toda la vida. La clase de relación que el niño establece con la primera figura de apego (generalmente la madre) va a ser relevante a la hora de configurar el patrón de apego del niño, el cual va a condicionar su mundo de relación de por vida, aumentando la probabilidad de ulteriores trastornos psicológicos, como trastornos de ansiedad, depresión, trastornos de la personalidad, trastorno antisocial, maltrato y adicciones (Soares y Dias, 2007).

El patrón de apego seguro, descrito por Ainsworth y col. (1978), se establece cuando la figura de apego muestra afecto al niño y está disponible para él, protegiéndole, atendiéndole y respondiendo a sus demandas. Éste sabe, entonces, que puede recurrir a la figura de apego en situaciones extrañas o aversivas. Este patrón de apego favorece que el niño explore el medio en el que está, que se relacione con otros niños y juegue. Por el contrario, cuando la figura de apego es inconsistente, siendo a veces distante, otras afectivo y cercano y, aún otras, intrusivo, el niño va a desarrollar patrones de apego inseguros, dominados por la ansiedad.

Los apegos inseguros o ansiosos descritos por Ainsworth y col. (1978) son dos: el apego inseguro ambivalente y el apego inseguro evitativo. El tercer apego inseguro, el inseguro desorganizado, fue posteriormente descrito por Main y col (1985). El patrón de apego inseguro ambivalente o resistente provee que el niño se sienta inseguro debido a que la figura de apego a veces está disponible, es afectuosa y le hace caso y otras le rechaza o no se muestra asequible. Esta especie de refuerzo parcial o inconsistencia (ahora soy afectuoso, asequible y te atiendo y, por tanto, te refuerzo positivamente / ahora no soy asequible, no te quiero, no te atiendo o te rechazo y, consecuentemente, te refuerzo negativamente) hace que el niño pueda sentirse abandonado, experimentando ansiedad y miedo y retrayéndose en la exploración del entorno. Los niños con apego inseguro ambivalente o resistente experimentan una importante ansiedad ante la separación y muestran tanto conductas de apego como conductas de irritación, ira y resistencia.

El patrón de apego inseguro evitativo es, también, causante de inseguridad debido a que la figura de apego mayoritaria o constantemente rechaza dar afecto, atención y protección al niño. Estos niños generan la expectativa de no ser atendidos y poder encontrar seguridad en la figura de apego, perdiendo confianza en ella y tendiendo a tornarse emocionalmente autosuficientes. Si bien tienden a no llorar ni enojarse cuando la figura base de apego está presente, sí lo hacen cuando no está presente. Los niños con un patrón de apego desorganizado o desorientado se impronta cuando la figura de apego tiene respuestas inadecuadas y desproporcionadas ante las demandas del niño. La figura de apego infunde temor en el niño o, alternativamente, le da una seguridad excesiva, generando en el niño un conflicto interno de temor-apego. Este tipo de conductas de la figura de apego suelen estar relacionadas con miedos no resueltos de la figura de apego, miedo que transmite al niño, el cual acaba careciendo de estrategias adecuadas de afrontamiento de situaciones de estrés (Main y col. 1985). Los patrones de apego inseguro son una importante fuente de estrés para el niño durante el periodo postnatal temprano.

## EL VÍNCULO MATERNO-FILIAL TEMPRANO

La teoría del apego se centra en las consecuencias que, en su desarrollo afectivo ulterior, tienen los patrones de apego que experimenta el niño con las figuras base de apego, pero no se centra en aquello sin lo cual el apego no sería posible: el vínculo materno-filial. Este vínculo se establece primeramente y se entiende que tiene lugar inmediatamente después del parto y, por ello, aunque la mujer gestante ha tenido durante el embarazo la ocasión de establecer una relación afectiva con su bebé, la investigación se ha dirigido a estudiar los cambios psicobiológicos que tienen lugar en la madre en el periodo peri-parto y que serían el sustrato de dicho vínculo afectivo. El proceso de formación del vínculo tiene como protagonista especialmente a la madre y al lazo afectivo que crea con su bebé en las primeras horas después del parto. En palabras de Del Cerro (2017): «El proceso de formación del vínculo tiene como protagonista especialmente a la madre y al lazo afectivo que crea con su bebé en las primeras horas después del parto (pág.124). En especies no primates (por ejemplo los roedores) la aparición de este vínculo depende fundamentalmente del sentido del olfato (la madre se vincula a las crías reconociéndolas olfativamente). Sin embargo, en los primates, especialmente en nuestra especie, el vínculo afectivo conlleva mayor complejidad e implica la intervención importante de otros sentidos y de aspectos cognitivos» (Del Cerro, 2017).

No obstante, aun no siendo un sentido dominante, el olfato sigue en nuestra especie desempeñando una función en el establecimiento del vínculo materno-filial. Las madres primerizas pueden reconocer los olores procedentes de los bebés recién nacidos mejor que las no madres y esta discriminación parece depender de los niveles de cortisol, hormona cuyos niveles, como recordaremos, están elevados en las situaciones de estrés. Esto sugiere que el olor del recién nacido genera una respuesta de *eutrés* (estrés positivo), activando el eje hipotálamo-hipofisario-adrenal e incrementando los niveles de cortisol en plasma. Esta respuesta de *eutrés* tiene un valor adaptativo, pues facilita distinguir olfativamente al bebé en aras de su supervivencia.

El sentido del oído es igualmente importante en la formación del vínculo materno-filial y paterno-filial, pues gran parte de las demandas del niño son percibidas vía este canal sensorial. Las actuales técnicas de neuroimagen nos permiten tener conocimiento de cuáles son las estructuras cerebrales que se activan en las madres, y que no lo hacen en los padres y en las no madres, ante el llanto de un bebé. Éstas son el núcleo *accumbens*, el núcleo estriado y el tálamo (importante centro sensorial del cerebro), cuyo neurotransmisor característico es la dopamina (neurotransmisor implicado en el refuerzo positivo). También se activan estructuras con proyecciones de oxitocina tales como la amígdala (involucrada en el miedo y la ansiedad), el núcleo de la estría terminal y el hipocampo (implicado en los procesos de aprendizaje y memoria). La oxitocina, que en el cerebro opera como neurotransmisor, es la hormona que durante el parto facilita las contracciones. Dos semanas después del parto, en las madres se activan la amígdala, los ganglios basales (implicados en las respuestas afectivas) y la ínsula (estructura cerebral implicada, entre otras funciones, en la información interoceptiva del propio cuerpo, las reacciones de agrado y desagrado y la empatía), mientras que en los padres, la estructura que se activa es la ínsula. Parece que en las madres se activan inmediatamente estructuras íntimamente relacionadas con las emociones, el refuerzo positivo y la memoria, mientras que los padres necesitan un tiempo continuado de contacto para desarrollar una respuesta neural ante el llanto del bebé (para revisión: Del Cerro, 2017).

Existen también diferencias en respuesta al llanto del bebé en función del tipo de parto (parto vaginal frente a parto por cesárea). Durante el primer mes postparto, las madres que dieron a luz vaginalmente presentaron, en comparación con aquellas que sufrieron cesárea, una respuesta neural mayor al llanto de sus propios hijos en áreas cerebrales relacionadas con la emocionalidad y la motivación (como son la amígdala, el hipotálamo y el núcleo estriado), con áreas relacionadas con el procesamiento de información sensorial (el tálamo, los giros o circunvoluciones fusiforme y temporal superior y medio) y áreas de control cognitivo y emocional (giro o circunvolución frontal superior). Esta diferencia en la respuesta neuronal ante el llanto del bebé desaparece a los tres o cuatro meses del parto (Swain, 2011).

La alimentación del bebé es otro factor que contribuye al desarrollo del vínculo que se establece de la madre al hijo. En este sentido, también se han realizado estudios de resonancia magnética funcional comparando la respuesta neural ante el llanto de sus propios hijos en madres que daban el pecho a sus hijos con la de aquellas que no lo hacían. Las madres que dan el pecho a sus hijos experimentan un incremento en la liberación de oxitocina, la cual, a su vez, incrementa la sensibilidad maternal y presentaron una activación neural mayor en estructuras que se solapan con aquellas que hemos descrito para el tipo de parto. Estas estructuras cerebrales que se activan en estas madres son las siguientes: el núcleo estriado y la amígdala (relacionadas con la emocionalidad y la motivación), los giros temporales superior y medio (relacionados con el procesamiento de información sensorial) y áreas de control cognitivo y emocional (el giro frontal superior). El incremento de activación en la amígdala, el núcleo estriado y el giro frontal superior, observada durante el primer mes postnatal en las madres que daban el pecho a sus hijos cuando estos lloraban, estaba positivamente asociada con la sensibilidad maternal observada en la interacción madre-hijo a los tres o cuatro meses postparto (para revisión Kim y col., 2016).

El cerebro de la mujer sufre cambios plásticos –es decir, estructurales– durante el tiempo próximo posterior al parto. Un estudio longitudinal realizado en dos momentos postparto (de 2-4 semanas y 3-4 meses postparto) puso de manifiesto un incremento del volumen de sustancia gris (capas del cerebro en las que se alojan los somas y los núcleos de las neuronas) en amplias regiones del córtex prefrontal, del lóbulo parietal y del cerebro medio (hipotálamo y amígdala) y, además, que el pensamiento positivo de la madre respecto a su bebé parece predecir el incremento del volumen de la sustancia gris desde el primer mes al tercero-cuarto postparto (Kim y col., 2010). Un estudio análogo realizado con padres en dos momentos postparto (2-4 semanas y 12-16 semanas postparto) arrojó la siguiente información acerca de los cambios estructurales que se producen en el cerebro del padre a partir del parto de su pareja: incrementos de volumen de sustancia gris en el hipotálamo, la amígdala, el núcleo estriado, regiones superiores del lóbulo temporal y el córtex prefrontal lateral. Estas áreas cerebrales en las que se encontró un incremento del volumen de la sustancia gris en los padres tras el parto se solapan con aquellas en las que se encontró este mismo tipo de cambio estructural en las madres tras dar a luz. Sin embargo y a diferencia de lo observado en las madres, los padres presentaron decrementos en el volumen de la sustancia gris en el córtex prefrontal medial, córtex cingulado posterior y córtex parietal inferior, áreas cerebrales que se incluyen dentro de la red neural por defecto (Kim y col., 2014).

Estas investigaciones nos permiten tener un panorama neurobiológico de lo que sucede en el cerebro de una madre y un padre durante el periodo en el que se está desarrollando el vínculo con su hijo recién nacido. En los padres, acontecen cambios, tanto en el sentido del incremento como del decremento, en la estructura de algunas áreas cerebrales, y parecería que el desarrollo del vínculo paterno-filial es de carácter neural. En las madres, sin embargo, el vínculo parece ser hormonalmente activado, inmediatamente postparto, por la oxitocina secretada en el cuerpo de la mujer para facilitar la labor del parto. Esta secreción de oxitocina sensibiliza la conducta maternal de la madre al nacimiento y durante el periodo de amamantamiento natural y esa sensibilización está neuralmente sostenida por estructuras cerebrales implicadas en el control emocional, motivacional, sensorial y cognitivo, las cuales, también, presentan cambios en su estructura a partir del parto.

Por otro lado, sabemos que el feto capta los estados emocionales de la madre y responde de manera diferente a ellos. En un estudio se monitorizó mediante ultrasonidos los movimientos de los brazos, las piernas y el tronco del feto cuando las madres eran expuestas a visionar un videoclip que suscitaba alegría o tristeza. Los investigadores no encontraron cambios en el número y duración de los movimientos de piernas y tronco ni con el videoclip de alegría ni con el de tristeza. Sin embargo, cuando las madres estaban viendo el videoclip alegre, se detectó un incremento en el movimiento de los brazos del feto, pero no en la duración de esos movimientos, mientras que el número y duración de los movimientos de los brazos del feto disminuyó significativamente cuando las madres estaban viendo el videoclip triste (Araki y co., 2010).

Finalmente, vamos a considerar cuatro hechos que nos parecen relevantes:

1) El vínculo materno-filial temprano es la fase sobre la que se va a asentar el patrón de apego del niño, el cual condicionará su vida psicológica en la adolescencia y cuando adulto.

2) En el vínculo materno-filial temprano se activan estructuras como el hipotálamo (implicado en los procesos motivacionales), la ínsula, implicada en la empatía (Singer y Klimecki, 2014) y en el sentimiento de amor incondicional (Baurregard y col., 2009), la amígdala, la cual se activa, también, tras la práctica de meditación de compasión basada en el amor bondadoso (Desbordes y col., 2012) y otras implicadas en el control cognitivo y emocional.

3) En los padres se activan, igualmente, estructuras implicadas en el control emocional y motivacional, como la amígdala y el hipotálamo.

4) Durante la gestación los fetos detectan y responden de manera diferente a los estados emocionales de la madre. Estos hechos tomados en conjunto nos permiten considerar positivamente que el vínculo materno-filial y paterno-filial pueda y deba ser ya fomentado *in utero* mediante programas adecuados de meditación basada en *mindfulness*, los cuales faciliten la experiencia sentida de amor bondadoso hacia el embrión y el feto en las madres y en los padres durante el periodo de gestación.

# IV
# EL PROGRAMA
# MINDFULNESS BASED MENTAL BALANCE
# PARA MADRES GESTANTES
# (MBMB-pregnancy)

Instrucciones
para la práctica

EL PROGRAMA MBMB-PREGNANCY está dirigido a madres gestantes, tanto primerizas como aquellas que previamente ya han tenido embarazos. El objetivo del programa es proporcionar a la madre gestante habilidades basadas en *mindfulness* que le proporcionen bienestar psicológico y potencien *in utero*, desde la sensación sentida, el vínculo afectivo entre ella y su bebé. Nuestro actual estilo de vida nos genera una cantidad elevada de estrés. Prácticamente, todas las actividades que realizamos cotidianamente son potencialmente estresantes, tanto por la premura en que han de ser realizadas como por la cantidad de ellas, es decir, por la excesiva demanda. A este estrés de la vida cotidiana hemos de añadir el estrés que ciertos sucesos (enfermedades, pérdidas, separaciones, muerte de un ser querido, etc.) nos causan.

Las mujeres embarazadas están, al igual que el resto

de las personas, expuestas a sufrir el estrés de la vida cotidiana y el estrés que nos generan esas situaciones de carácter traumático. El estrés sufrido durante la gestación, como hemos visto, tiene consecuencias indeseables en los hijos, alterando el curso de la programación genética natural, y estas consecuencias se prolongan más allá del parto. Por ello, potenciar el desarrollo de bienestar psicológico durante la gestación genera un clima de bienestar al ser que lleva en su seno, previene los efectos indeseables del estrés cotidiano al que la mujer está sometida durante la gestación y, también, la aparición de desórdenes psicológicos post-parto. Por otro lado, hay mujeres embarazadas que padecen de depresión y/o trastornos psicológicos de ansiedad. Los psicofármacos que comúnmente se emplean para tratar estos trastornos están contraindicados durante al gestación, por lo que se hace necesario tratar esos desórdenes con técnicas puramente psicológicas y, en este sentido, la práctica de *mindfulness* puede ser una intervención de elección junto con otras más habituales.

Hemos visto también que un buen vínculo materno-filial es un proceso del todo necesario para el buen desarrollo afectivo del niño. Normalmente, se entiende que este vínculo se inicia a partir del momento del parto, pero su fomento ya *in utero* puede facilitar y potenciar que ese vínculo de la madre con su bebé sea sano y el punto de partida del desarrollo de un apego sano tras el parto.

# LA PRÁCTICA DE LA SERENIDAD PARA PREVENIR Y PALIAR EL ESTRÉS

La práctica de meditación de serenidad basada en el *mindfulness* es la práctica adecuada para calmar nuestra agitada mente, la cual está aún más alterada cuando experimentamos ansiedad y estrés. Con la práctica, nuestra mente se irá silenciando de forma paulatina. En términos psicobiológicos, podríamos decir que con la práctica de la serenidad vamos reduciendo la intensa actividad de las estructuras de la red neural por defecto, mientras que se activan estructuras relacionadas con la red *mindful*. Mediante esta práctica potenciamos la actividad parasimpática de nuestro sistema nervioso autónomo y, con ello, equilibramos el exceso de actividad simpática asociada a la ansiedad y el estrés. De esta manera, vamos enseñando a nuestro sistema nervioso autónomo y a nuestro cerebro a estar en equilibrio y en calma. La práctica de serenidad brinda a la gestante la oportunidad de introducir en su vida diaria periodos de tiempo durante los cuales contrarresta y previene la ansiedad y el estrés al que está sometida por el desenvolvimiento de la vida laboral y la gestión de los asuntos cotidianos (tareas domésticas, gestiones, desplazamientos, atascos de tráfico, relación con la pareja, relaciones sociales, etc.).

Para la realización de la práctica, la gestante puede sentarse cómodamente (puede emplear una silla, un sillón, un cojín o una banqueta de meditación) o tumbarse. Si practica sentada, ha de hacerlo procurando que la espalda esté naturalmente erguida sin esfuerzo, dejando que los brazos y las manos reposen relajados sobre los muslos o en el regazo, teniendo el mentón suavemente recogido hacia dentro (esto hará que la nuca se estire y la mirada baje) y esbozando una suave sonrisa. En cuanto a los ojos, posiblemente necesitemos que estén cerrados, lo cual ayuda a recogernos y concentrarnos, pero, también, pueden estar semi-entornados. Es importante no forzar la espalda y, si nos sentimos incómodos, en el caso de estar sentados en silla o sillón, apoyaremos la espalda en el respaldo. Si estamos sentados sobre un cojín de meditación, podemos apoyar la espalda en una pared y, si lo estamos sobre una banqueta de meditación, cambiamos de objeto sobre el que nos sentamos o nos tumbamos. Lo importante es no dañar la espalda por la rigidez de la postura.

La actitud adecuada para practicar es hacerlo como si uno no tuviera meta u objetivo alguno, es decir, nos sentamos a practicar simplemente por hacerlo y siguiendo las instrucciones que previamente nos habremos aprendido. No intentamos que nuestra mente esté en silencio. Si intentamos esto, nuestra práctica será forzada y nos tensará. Es frecuente que, cuando estamos iniciándonos en la práctica de serenidad, experimentemos sueño. Si nos ocurre esto, podemos abrir los ojos y repasar la postura de nuestro cuerpo (¿está la espalda erguida sin esfuerzo? ¿mantengo el mentón recogido hacia dentro? ¿reposan mis brazos y manos sin tensión? ¿he perdido la suave sonrisa?). También, podemos mirar con los ojos hacia arriba sin levantar la cabeza y, eventualmente, si el sueño persiste y nos seguimos durmiendo, pues, simplemente, dejamos la práctica y nos vamos a dormir, evitando, así, el conflicto interno de: «Me duermo, pero no debería dormirme». Veamos ahora, paso por paso, cómo practicar la meditación de serenidad.

En cuanto a la duración de la práctica formal (sentados o tumbados), la realización del total de las etapas que vamos a describir puede llevarnos, una vez que estamos suficientemente adiestrados, 15 o 20 minutos. No obstante, recomiendo que se vaya poco a poco. Es mejor empezar haciendo solo cinco minutos de práctica e ir incrementado el tiempo paulatinamente a medida que nos vamos sintiendo con más destreza que empezar practicando 20 minutos y sentir que no podemos estar tanto tiempo y, entonces, dejar de practicar. Además, es mejor practicar, aunque sea poco tiempo, todos los días que ir haciendo práctica masiva de vez en cuando. La perseverancia es, junto con seguir las instrucciones, una clave fundamental del éxito de la meditación basada en *mindfulness* y de cualquier otro estilo de meditación. Por otro lado, aunque la serie sucesiva de etapas de la práctica está diseñada para desarrollar quietud mental, cada etapa tiene entidad por sí misma y nos proporciona un grado de serenidad, por lo que pueden ser practicadas de manera independiente durante el tiempo que se estime oportuno. Vamos ahora a describir paso a paso cada una de las etapas de la práctica de serenidad, siguiendo en lo fundamental el programa MBMB (Segovia, 2017).

## Etapa 1
## La atención a la respiración
## y la regla "No R - No R"

Una vez sentados de manera adecuada, realizamos tres respiraciones completas, exhalando por la boca e imaginando que, al exhalar, nos deshacemos de las tensiones previas a la práctica. Con este pequeño ritual, además de distendernos, simbolizamos que vamos a emplear un tiempo dedicado a nuestro cuidado y bienestar psicológicos.

La respiración es una función fisiológica ideal como soporte para la práctica de meditación de serenidad. Frente a otros soportes de la meditación, como pueden ser una vela, un símbolo o un mantra, la respiración ofrece dos ventajas fundamentales. La primera es que es un proceso fisiológico que está en todo momento y lugar con nosotros, de manera que en cualquier momento y situación tenemos disponible el soporte para poder practicar con la serenidad. El segundo radica en el hecho de que la respiración está íntimamente ligada a nuestros estados emocionales (una respiración rápida y superficial se asocia a un estado con ansiedad en el que la actividad simpática del Sistema

Nervioso Autónomo es intensa, mientras que cuando estamos tranquilos, es decir, con predominio de la actividad parasimpática, nuestra respiración tiende a ser más lenta y profunda). La práctica nos irá proporcionando con el tiempo una respiración lenta y profunda y ello calmará nuestro sistema nervioso y nuestra mente.

Tras realizar estas tres respiraciones completas exhalando por la boca, posamos la atención en la respiración (podemos, entonces, inhalar y exhalar por la nariz). Nuestra atención no será una atención tensa, sino, más bien, suave y amable con unas "gotas" de curiosidad, como queriendo saber en qué consiste eso que llamamos "respiración". Nos damos cuenta que lo que llamamos "respiración" es, en definitiva, un conjunto de sensaciones que se suceden unas a otras. Entonces, posamos la atención donde mejor sintamos o nos resulte más cómodo sentir la respiración. Puede que sea en el movimiento de expansión-contracción del tórax o el abdomen debido al ascenso y descenso del diafragma, puede que en el área de las fosas nasales-labio superior (fresquito-calentito), en el recorrido del aire al entrar y salir por el tracto respiratorio o en esa sensación sutil de plenitud que se experimenta al inspirar cuando los pulmones están llenos y de laxitud o alivio cuando se vacían al exhalar. Allí donde mejor sintamos la respiración o nos resulte más cómodo seguirla posamos esa atención suave, amable y curiosa. No respiramos de ninguna manera especial, sino que lo hacemos naturalmente. La respiración es un reflejo que no necesita de nuestra intervención voluntaria para que tenga lugar y, simplemente, dejamos que la respiración suceda y estamos atentos a ello. No pensamos que debamos de respirar así o *asá*, sino que aceptamos la respiración que tengamos.

Lo normal es que cuando estamos posando la atención

en la respiración empiecen a emerger espontáneamente pensamientos de toda naturaleza (banales, inteligentes, agradables, desagradables, sobre el pasado, sobre el presente, sobre el futuro). Lo habitual es que, inmediatamente, nos identifiquemos con esos pensamientos y los sigamos, de manera que nuestra atención dejará de estar puesta en la respiración. Cuando esto nos ocurra, hemos de *desenganchar* la atención de los pensamientos y volverla a *enganchar* a la respiración. Nos ejercitamos, entonces, en la habilidad de abandonar los pensamientos y discursos mentales, esa "mente de mono" que continuamente divaga y que, cual mono arbóreo, salta de rama en rama, va de un tema a otro. Para desarrollar la habilidad de desenganchar la atención de los pensamientos vamos a seguir una regla o instrucción que llamamos "No R - No R": no resistencia ("No-R") a la llegada de pensamientos; es decir, no nos esforzamos en no pensar ni nos sentimos molestos porque emerjan pensamientos en nuestra mente, pero tampoco nos rendimos a ellos ("No-R"), no permitimos que secuestren nuestra atención. Así que, cuando nos damos cuenta de que estamos pensando y que, por tanto, nuestra atención ya no está plenamente puesta en la respiración, aceptamos este hecho diciéndonos: «Pensando, pensando…» y con ecuanimidad (sin enjuiciarnos y criticarnos por habernos distraído) reconducimos la atención a sentir la respiración. No nos decimos: «No R - No R», sino que aplicamos lo que No R – No R significa. Utilizamos el darnos cuenta de que estamos pensando y de cualquier distracción externa (en este caso, nos podemos decir: «Distracción, distracción») como recordatorio de que hemos de volver a focalizar (*enganchar*) con ecuanimidad la atención en la respiración. Si estoy pensando, en el momento en el que me doy cuenta de ello (puede que lleve un cierto tiempo perdido "por los cerros de Úbeda"), justo en ese momento, recuerdo volver a posar con ecuanimidad la atención en la respiración. Esta es la manera mediante la cual nos vamos deshaciendo (liberando) de los pensamientos e impedimos que secuestren nuestra atención.

Es importante que, durante la práctica, nos demos cuenta de que, cuando retiramos la atención del discurso mental y la redirigimos a la respiración, aquello que estuviéramos pensando se disuelve, desaparece de nuestra consciencia, lo que indica que es la atención lo que sostiene el pensamiento *enganchándose* a él. Es el hecho de darnos cuenta de que estamos pensando y el focalizar nuevamente la atención en la respiración, es decir, *desenganchar* la atención de aquello que estemos pensando, lo que hace que el pensamiento se libere.

Durante esta práctica liberamos todos y cada uno de los pensamientos o discursos mentales que emerjan espontáneamente en nuestra mente. No hacemos discriminación alguna, ya que lo que pretendemos es extinguir ese hábito adquirido de «aparece un pensamiento, me lo creo, le hago caso y acabo viviendo la vida que ese pensamiento me representa» y reemplazarlo por una auto-regulación ejecutiva de los discursos mentales. Se trata de aprender a desidentificarnos de los pensamientos, liberando el pensamiento a voluntad y conscientemente. Es así como cambiamos la manera en que nos relacionamos con nuestros pensamientos, cambiamos la identificación o *enganche* de la atención por la desidentificación o *desenganche* de la misma.

Durante la práctica formal y durante la práctica en la vida cotidiana, la regla "No R – No R" permite que desarrollemos una meta-atención que nos va a ser útil no solo de cara a los pensamientos, sino también de cara a otras distracciones provenientes del mundo externo.

Vamos cultivando la ecuanimidad y aprendiendo a soltar. Primero los pensamientos y, con el tiempo, nuestras intenciones y emociones no saludables.

Recomiendo que, mientras practicamos, sea la etapa que sea, es importante repasar de vez en cuando la postura. Verificar si la espalda permanece erguida naturalmente y sin esfuerzo, si los brazos y manos reposan sin tensión sobre los muslos o en el regazo, si el mentón está suavemente recogido hacia dentro y si mantenemos la sonrisa. Modificamos conscientemente lo que sea preciso modificar y volvemos a la práctica.

## Etapa 2
## Realizando anotaciones

A fin de ayudarnos a mantener la atención en la respiración, podemos acompañar, en silencio, la inspiración y la exhalación con breves palabras o anotaciones verbales. Podemos decirnos: «Inspiro», «expiro» o, simplemente, «*in*», al inspirar, y «*out*» o «*ex*», al espirar o «dentro, fuera» o «uno, dos». Sea la fórmula que sea que escojamos, seguimos aplicando "No R – No R" cuando nos distraigamos, es decir, cada vez que nos damos cuenta de que estamos pensando, de que se nos ha ido "el santo al cielo" o un estímulo externo nos ha distraído.

Estas palabras breves o anotaciones nos ayudan a disminuir la frecuencia de la divagación mental y ello es debido a que la vía motora final común del pensamiento-lenguaje no puede estar ocupada en dos pensamientos distintos a la vez, de manera que no podemos estar pensando –que es hablar subvocalmente–, en cualquier cosa y, a la par, pronunciar en silencio esas anotaciones. Al tener esa vía motora final común del pensamiento-lenguaje ocupada en las anotaciones, la actividad de la "mente de mono" disminuye. Además, al mismo tiempo que vamos pronunciando en silencio la anotación que hayamos escogido para la inspiración y la exhalación, la vamos escuchando con atención. Haciendo esto ayudamos a disminuir aún más la frecuencia de pensamientos intrusivos que arriben espontáneamente a nuestra consciencia. El fundamento neurofisiológico de este hecho radica en la manera en que se relacionan entre sí las dos áreas cerebrales (sensorial y motora) que se ocupan del pensamiento-lenguaje. Estas áreas tienen la propiedad de inhibirse mutuamente, de manera que, mientras el área sensorial está activa (escucha atenta), el área motora, la que produce el lenguaje (habla o pensamiento) entra en ocio relativo, es decir, se desactiva parcialmente, pues existe la actividad necesaria para emitir las anotaciones elegidas. Todos hemos podido comprobar que, cuando estamos escuchando activa y plenamente algo o a alguien, nuestra mente se silencia. Del mismo modo, cuando el área motora está activa, el área sensorial entra en ocio relativo, de manera que, si nos hablan en ese momento no nos enteramos bien de lo que nos están diciendo o ni siquiera lo oímos.

"No R – No R" y las anotaciones siguiendo la inspiración y la exhalación pueden no ser suficientes para ayudar a calmar nuestra mente cuando ésta está muy agitada. Si esto nos ocurre, podemos poner en práctica alguno de los siguientes tres procedimientos:

1) Nos dirigimos al discurso mental recurrente o rumiativo que estemos teniendo y, como si fuese una persona, le preguntamos: «¿Y tú, de dónde vienes?». Es fundamental para que este procedimiento tenga el efecto de detener el discurso mental durante un tiempo que, tras formular esa pregunta, nos quedemos escuchando, como

si el discurso mental nos fuese a contestar y nos damos cuenta de que justo en ese instante de escucha atenta nuestra mente se silencia y el discurso en cuestión se ha esfumado. Si resulta que nos contestamos a esa pregunta, entonces, como la contestación es un pensamiento, nos volvemos a hacer la pregunta. La clave está en quedarse escuchando como si fuera a haber respuesta y hacernos conscientes de que la mente, en ese momento, se silencia. Después, continuamos con la práctica de serenidad.

2) También podemos pedirle al discurso mental que está secuestrando nuestra atención que hable. Amablemente, podemos decirle: «Habla, te escucho» y nos ponemos a escuchar atentamente lo que tuviera que decir. Al igual que en el primer procedimiento, la mente se torna silenciosa y nos hacemos conscientes de esa calma mental y, después, continuamos con nuestra práctica de atención a la respiración. Igualmente, si caemos en la tentación de contestarnos, volvemos a exhortar al pensamiento pidiéndole que nos hable y nos ponemos a escuchar. La mente se silenciará de nuevo. Estos dos procedimientos se basan en esa relación, ya descrita, que mantienen las áreas cerebrales del lenguaje, la receptiva (escucha) y la motora (habla).

3) Un tercer procedimiento que podemos emplear es decirnos en qué estamos pensando: «Pensando en...» lo que sea que estemos pensando y llevamos la atención a la respiración. De esta manera, introducimos un control voluntario en nuestro discurso mental, interrumpiéndolo y haciendo que, momentáneamente, cese. Cualquiera de estos tres procedimientos puede sernos útil para controlar un discurso mental reiterativo y rumiativo que pueda estarnos generando una emocionalidad negativa.

# Etapa 3
## La atención a la exhalación

Cuando sentimos que nos vamos serenando, abandonamos la atención a la inspiración y a la anotación que la acompaña y a la exhalación y su atención y focalizamos, entonces, la atención solo en la exhalación. Empleamos la exhalación como soporte de la atención, de manera que somos completamente conscientes de ella. Somos conscientes del inicio de la exhalación, de su recorrido y de su final. No dejamos de seguir aplicando "No R – No R", retornando a la exhalación siempre que nos hayamos distraído. El centrar la atención en la exhalación potenciamos la actividad del sistema nervioso autónomo parasimpático y, con ello, el desarrollo de nuestra serenidad. Claro está que esto no significa que no vayamos a sentir la inspiración, es solo que prestamos más atención a la exhalación, la cual se convierte en la figura de la atención.

# Etapa 4
## Contando las exhalaciones

Para ayudarnos a que la atención se centre en la exhalación y que nuestra concentración sea más plena, empezamos a contar las exhalaciones en ciclos de cinco. Exhalo y cuento uno, exhalo y cuento dos, y así sucesivamente, hasta cinco. Después, inicio un nuevo ciclo en el uno. También, puedo pronunciar en silencio el número de la cuenta que toque en cada momento a la par que exhalo. Los ciclos se pueden ir, paulatinamente, agrandando a contar seis, siete, ocho, etc. exhalaciones por ciclo y, también, incrementando el número de ciclos.

Durante esta etapa, la regla "No R – No R" cambia un

poco. Si detecto un pensamiento en el campo de consciencia, llevo de nuevo la atención a la exhalación y, si no he perdido la cuenta, sigo contando. Si me he distraído y he perdido la cuenta, vuelvo a posar la atención en la exhalación y empiezo un nuevo ciclo contando en el uno. Si me sorprendo contando y pensando a la vez, retorno con la atención a la exhalación y empiezo a contar el ciclo desde el uno. Hago lo mismo si estoy algo distraído y, de repente, me sorprendo contando la sexta, octava o décima exhalación. Contar las exhalaciones puede llegar a ser algo aburrido, pero es una técnica muy eficaz para ayudarnos a concentrarnos y mantener la atención anclada en la espiración.

## Etapa 5
## Pronunciando la sílaba "Ah" mientras exhalamos

Cuando con la práctica encadenada que vamos haciendo vamos experimentando una mayor calma mental, abandonamos la práctica de contar las exhalaciones, pero no la de atender a la exhalación. Prestamos atención a la exhalación (inicio, recorrido y final) y, a la par, pronunciamos en silencio la sílaba "Ah" (suena como una "a") a lo largo de todo el curso de la exhalación. La sílaba "Ah" es usada como mantra en el ámbito del budismo tibetano, pero, para nosotros, el sonido "a" carece de significado simbólico, es un sonido neutro. De esta manera vamos asociando un sonido neutro al estado de calma mental, creando un condicionamiento que nos permitirá, en la vida diaria, entrar en un estado de serenidad simplemente exhalando y emitiendo en silencio el sonido "Ah".

Esta fase de la práctica tiene el mismo fundamento neurofisiológico que ya hemos descrito cuando introdujimos las anotaciones al inspirar y al exhalar. Practicar con la atención a la exhalación escuchándonos decir en silencio el sonido "Ah" reducirá significativamente el número de pensamientos intrusivos que emergen espontáneamente, pero, no obstante, como en las etapas anteriores, pueden aparecer pensamientos y darnos cuenta de repente que estamos inmersos en cualquier pensamiento. Si esto nos ocurre, recurrimos a "No R - No R", de manera que, una vez liberado el pensamiento en cuestión, volvemos a focalizar la atención en la exhalación y en el sonido "Ah".

Durante esta etapa nos serenamos más profundamente, propiciando la aparición de momentos claros de paz mental. Como ya hemos sugerido, recordamos, de vez en vez, repasar la postura.

## Etapa 6
## Descubriendo el punto de quietud
## (el punto de la exhalación)

Estando atentos a la exhalación y al sonido "Ah" que vamos emitiendo a lo largo de la exhalación silenciosamente. Estamos atentos y nos damos cuenta de que, al final de la exhalación y antes de que la inspiración se inicie de manera natural, se produce una breve pausa. Esta breve pausa, que es un momento de apnea, es el tiempo que necesita el diafragma para cambiar el sentido del movimiento y tomar aire. Esta breve pausa natural en la respiración se denomina "punto de quietud" en el argot de la meditación. Nos damos cuenta de que, al final de la exhalación y justo antes de que, de forma natural y espontánea, se inicie la inhalación se produce ese intervalo, el "punto de quietud inferior". Nuestra práctica durante esta etapa va a consistir en posar la atención en la exhalación, emitiendo a la par el sonido "Ah" y hacernos conscientes, sin manipularlo, de la existencia de esa pausa fisiológica, del "punto de quietud inferior".

## Etapa 7
## La quietud mental
## (el punto de quietud de la exhalación)

Si seguimos practicando como en la etapa 6 y exhalamos emitiendo el sonido "Ah", al final de la exhalación desembocaremos naturalmente en el "punto de quietud inferior", el cual se denomina así porque, si observamos bien, nos podremos dar cuenta de que en ese punto la mente está, de forma natural y espontánea, absolutamente quieta, vacía de pensamientos (si queremos pensar hemos de hacerlo voluntariamente). Ahí, en el "punto de quietud", hay una ausencia radical de pensamientos y durante ese breve tiempo experimentamos una paz mental absoluta. La mente está en paz y quieta. Este momento puede ser vivido con un gran alivio pues, ¡por fin!, nuestra mente se ha callado y sentimos la tan anhelada paz mental. Es importante que no manipulemos el punto de quietud, que no intentemos prolongarlo de forma intencional más allá de, simplemente, abandonarnos un poco al final de la exhalación. No es necesario manipularlo pues, una y otra vez, llegaremos a ese punto-estado de quietud mental al final de cada exhalación. Nos hacemos conscientes de que esto es así y, por descontado, si aún llega alguna que otra distracción, recurrimos a "No R – No R", de manera que liberamos la distracción y volvemos a focalizar otra vez la atención en la exhalación, pronunciando el sonido "Ah", siendo conscientes del punto de quietud y del estado de mente silenciosa y en paz que podemos observar en él.

## Etapa 8
## El segundo punto de quietud
## (el punto de la inhalación)

Durante esta etapa, seguimos practicando lo descrito en la etapa anterior. Seguimos prestando atención a la exhalación y pronunciando el sonido "Ah" mientras exhalamos, abandonándonos un poco al final de la exhalación. Nos damos, también, cuenta del estado calmo y vacío de la mente que aparece en el punto de quietud inferior y, entonces, al inspirar, inspiramos esa quietud. Sentimos que al inspirar la quietud que hemos encontrado al final de la exhalación y del sonido "Ah", nos llenamos interiormente de paz mental. Nos llenamos de paz mental al inspirar y nos damos cuenta de que, al final de la inspiración existe otro breve intervalo antes de que la exhalación empiece de forma natural. Se trata del segundo "punto de quietud", el punto de quietud superior que se produce al final de la inspiración. Éste, al igual que el primero, se caracteriza por la experiencia de una mente vacía, quieta, silenciosa. Nos reencontramos con esa paz mental. La mayoría de las personas no experimentan este segundo punto de quietud con la misma claridad que el del final de la exhalación. No importa que eso sea así, pero sí es importante no manipularlo y prolongar la apnea de forma voluntaria reteniendo la exhalación.

## Etapa 9
## El bucle de quietud

Iniciamos esta etapa generando un bucle de quietud o serenidad: exhalamos con atención pronunciando el sonido "Ah", desembocamos en el punto de quietud inferior, inhalamos esa quietud, llenándonos de paz mental al inhalar y desembocamos en el segundo punto de quietud, en el superior del final de la inspiración, e iniciamos de nuevo el ciclo exhalando con el sonido "Ah". Vamos practicando así y realizamos cuantos bucles necesitemos para ir profundizando en nuestra serenidad. Cuando nos sintamos con una mente cuyo silencio sólo se rompe por emitir el sonido "Ah", entonces, podemos dejar de emitir el sonido "Ah", de manera que, ahora: exhalamos en silencio, observamos el vacío del punto de quietud, inhalamos esa quietud, nos damos cuenta del vacío del otro punto de quietud, exhalamos con quietud mental y así sucesivamente. Durante este bucle, la atención está posada en la exhalación, la inhalación y el silencio mental y nos damos cuenta de que podemos hacer lo que no era posible al principio de empezar a practicar: atender la respiración en silencio. No obstante, puede que, ocasionalmente, arribe algún que otro pensamiento, el cual liberamos aplicando la regla "No R - No R" y volviendo a la práctica.

Practicando de esta manera, desarrollamos estados calmos de la mente y reequilibramos la excesiva actividad simpática. De esta manera, la madre gestante puede contracondicionar los sentimientos de ansiedad y estrés que puedan derivarse de la dinámica de la vida cotidiana y de los cambios que la misma gestación va produciendo en ella. Con la práctica de serenidad la madre gestante puede prevenir los efectos indeseables que el estrés y la ansiedad pudieran tener sobre el desarrollo del embrión y el feto.

# LA PRÁCTICA DEL AMOR BENEVOLENTE PARA FACILITAR Y POTENCIAR EL VÍNCULO AFECTIVO MATERNO-FILIAL "IN UTERO"

En el capítulo anterior hemos abordado lo importante que es el vínculo materno-filial, que se piensa tiene lugar tras el parto, como sustrato para el desarrollo del apego del niño y la relevancia que, a su vez, el patrón de apego adquirido puede tener en la adolescencia y el periodo adulto. En general, las mujeres embarazadas desarrollan actitudes positivas ante su propio estado de gestación, pero esto no es siempre así. Dependiendo de las circunstancias, el embarazo puede no ser deseado y ser vivido con desagrado e, incluso, como un acontecimiento traumático. También, a veces, las mujeres primíparas vivencian su embarazo con cierta extrañeza e indiferencia, lo cual no les permite darse cuenta cabal de que llevan un nuevo ser en su vientre y experimentar sentimientos de afecto hacia él. En estos casos, la práctica del amor benevolente está indicada para coadyuvar a aliviar los sentimientos negativos y para facilitar la aparición de sentimientos de amor hacia el embrión y el feto. En el caso de las mujeres que se sienten contentas con su nueva condición de gestante, esta práctica de amor bondadoso incrementará el vínculo afectivo que ya mantiene con su bebé *in utero*. La práctica de amor benevolente consta de ocho etapas, las cuales vamos a describir a continuación:

## Etapa 1

Empezamos la práctica sentándonos de forma confortable en función de lo avanzado del estado de gestación.

## Etapa 2

Dedicamos un cierto tiempo a serenarnos a fin de reducir nuestra agitación mental. Para ello, simplemente prestamos atención a la respiración y vamos liberando, siguiendo la regla "No R - No R", los pensamientos que vayan surgiendo espontáneamente. No obstante, si la agitación mental es intensa, podemos recurrir a las otras etapas de práctica de serenidad que hemos descrito anteriormente de forma detallada.

## Etapa 3

Estabilizamos nuestra serenidad.

## Etapa 4

Estabilizados en serenidad, posamos la atención en el área precordial (podemos llevar nuestra mano a esa parte del pecho para tener más localizada el área y sentirla con más facilidad). El área precordial se sitúa en el centro del pecho, en el centro del esternón, entre las dos mamas. Centrada la atención en el área precordial, nos abrimos a las sensaciones que experimentamos en esa zona de nuestro cuerpo, donde esotéricamente se sitúa el *chakra* del corazón. Focalizar la atención en las sensaciones que experimentemos (de movimiento debidas a la respiración, de contacto, de presión, térmicas...) en esa parte del cuerpo nos permitirá familiarizarnos con ella y saber ulteriormente localizarla con facilidad.

## Etapa 5

Una vez que nos hemos familiarizado con el área precordial, imaginamos que respiramos por esa parte de nuestro cuerpo. Sentimos como si el aire entrara y saliese por el área precordial. Esto hará que nuestra respiración se torne más bien torácica. Sentimos como si respirásemos por el área precordial con una respiración lenta, profunda y acompasada. Esta forma de respirar nos irá generando un sentimiento de bienestar y, posiblemente, genere cambios en las sensaciones que experimentemos en el área precordial. Permanecemos en esta fase el tiempo necesario para que sintamos bienestar y disfrutemos de ello.

## Etapa 6

Todos hemos experimentado alguna vez sentimientos amorosos y de bondad y, por tanto, sabemos en qué consisten. Empezamos a generar en esa área precordial y a experimentar en ella un sentimiento de amor bondadoso. Podemos recordar algún momento de nuestra vida en el que hayamos experimentado ese sentimiento, a fin de que el recuerdo nos permita evocarlo y generarlo con más facilidad.

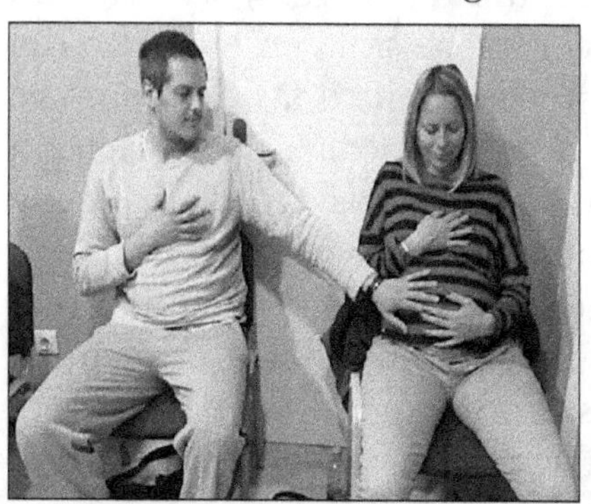

*Figura 3. Práctica de 'Amor bondadoso incondicional'.*

## Etapa 7

Mientras estamos sintiendo ese sentimiento de amor benevolente, seguimos sintiendo como si respirásemos por el área precordial lenta, profunda y rítmicamente y sentimos que la respiración va avivando suavemente ese sentimiento de amor bondadoso que estamos experimentando en el centro del pecho. Permanecemos un rato realizando esta práctica, dejándonos impregnar por ese sentimiento de amor benevolente.

## Etapa 8

Impregnados de la sensación de amor bondadoso, llevamos la otra mano al vientre, donde se aloja nuestro bebé y le deseamos que se sienta bien y que sea feliz. Vamos diciendo en silencio: «Que estés bien, que seas feliz». Deseamos al bebé que esté bien y que sea feliz al mismo tiempo que experimentamos amor bondadoso en nuestra área precordial. Le decimos «Que estés bien» y atendemos plenamente al sentimiento amoroso generado en el área precordial, permaneciendo con la atención depositada en esa zona unos instantes. Después, volvemos a desearle que sea feliz y volvemos a llevar la atención a la sensación sentida de amor-bondad que estamos experimentando en el área precordial. Y así sucesivamente, manteniendo una mano en el área precordial y la otra en el vientre.

Realizamos esta práctica de amor benevolente dirigida a nuestro bebé con atención plena al área precordial y, poco a poco, vamos intensificando ese sentimiento de amorosa bondad que hace verdadero el desiderátum de «Que estés bien, que seas feliz» (nos lo deseamos "de corazón"). El hecho de experimentar el área precordial, experimentar allí el sentimiento de amor-bondad y generar desde allí el citado desiderátum hace que realicemos esta práctica desde la sensación sentida, desde el sentimiento sentido de amor bondadoso, encarnando así el desiderátum cognitivo.

Esta práctica de amor bondadoso incondicional puede ser realizada con la pareja (figura 3). En este caso, la pareja pone una mano en su área pre-cordial y la otra en el vientre de la madre gestante y va desarrollando el sentimiento sentido de amor bondadoso incondicionado siguiendo las mismas instrucciones que hemos dado para la gestante. De esta forma podemos facilitar el desarrollo del vínculo paterno-filial, el cual hemos visto que tarda más tiempo en generarse que el materno-filial, ya *in utero*.

# EPÍLOGO

N Occidente, las mujeres están sometidas a estrés en diverso grado durante la gestación. Esto es algo evidente. Es igualmente evidente, y está científicamente probado por numerosas investigaciones en modelos animales y por los estudios realizados en humanos, que el estrés, incluso el que sufren durante el desenvolvimiento corriente de la vida cotidiana, les afecta disfuncionalmente e induce cambios disfuncionales en la programación del desarrollo de la vida que llevan en su vientre y que estos cambios afectan al desarrollo postnatal del hijo. Los servicios de salud mental de nuestras sociedades generalmente intervienen en los casos en los que hay una psicopatología previa en la madre gestante o se ha producido una situación traumática durante la gestación y su intervención, al no ser adecuado el tratamiento psicofarmacológico, ha de ser principalmente de carácter psicológico. Sin embargo, el estrés que cotidianamente se sufre por el mero desenvolvimiento en la vida diaria queda al margen de esa atención. En este sentido, la práctica de la meditación basada en *mindfulness* es un excelente recurso para que las mujeres embarazadas puedan prevenir las consecuencias indeseables del estrés cotidiano en sus vidas y en las de los hijos que están gestando y, también, para coadyuvar en las intervenciones psicoterapéuticas necesarias en los casos en los que se haya diagnosticado una psicopatología.

Por otro lado, hemos visto también que el vínculo materno y el apego son absolutamente necesarios para el desarrollo afectivo del hijo, así como las consecuencias psicológicas a corto, medio y largo plazo que se pueden dar sobre el hijo si ese vínculo y ese apego no son sanos. Potenciar un vínculo materno-filial en el que un clima afectivo amoroso esté presente, puede ayudar a atenuar, junto con la práctica de la serenidad, los miedos propios del embarazo y ser la base de un apego sano durante la vida postnatal del niño. Sabemos científicamente que el feto responde de distinta manera ante los climas afectivos de la madre, lo cual supone que los percibe y reacciona ante ellos. La práctica que proponemos para fomentar el vínculo materno-filial ya *in utero* permite que ese fomento se realice desde un clima afectivo de amor bondadoso que, sin duda, el feto percibirá de manera positiva, sintiéndose realmente querido estando ya en el vientre de su madre.

# BIBLIOGRAFÍA


–AINSWORTH, M. D., BLEHAR, M., WATERS, E. y WALL, S. *Patterns of attachment: A psychological study of the strange situation.* Hillsdale NJ, Laurence Eribaum Associates. 1978.

–ARAKI, M., NISHITANI, S., USHIMARU, K., MASUZAKI, H., OISHI, K., y SHINOHARA, K. «Fetal response to induced maternal emotions». *J Physiol Sci.* 60(3), 213-220. 2010.

–BARZEGAR, M., SAJJADI, F. S., TALAEI, S. A., HAMIDI, G. y SALAMI, M. «Prenatal exposure to noise stress: anxiety, impaired spatial memory, and deteriorated hippocampal plasticity in postnatal life». *Hippocampus,* 25(2), 187-96. 2015.

–BEAUREGARD, M., COURTEMANCHE, J., PAQUETTE, V., y ST-PIERRE, E. L. «The neural basis of unconditional love». *Psychiatry Res,* 15, 172(2), 93-98.

–BENOIT, J. D., RAKIC, P., y FRICK, K. M. «Prenatal stress induces spatial memory deficits and epigenetic changes in the hippocampus indicative of heterochromatin formation and reduced gene expression». *Behav Brain Res*, 281,1-8. 2015.

–BERNAZZANI, O., SAUCIER, J. F., DAVID, H. y BORGEAT, F. «Psychosocial factors related to emotional disturbances during pregnancy». *J Psychosom Res*, 42(4):391-402. 1997.

–BOWLBY, J. «The nature of the child's tie to his mother». *International Journal of Psychoanalysis*, 39, 350-73. 1958.

–*Attachment and loss. Vol. I: Attachment.* Londres, Hogarth Press. 1969.

–*Attachment and loss. Vol. II: Separation: Anxiety and anger.* Londres, Hogarth Press. 1973.

–*Attachment and loss. Vol. III: Loss.* Londres, Hogarth Press. 1975.

–BREWER, J. A., WORHUNSKY, P. D., GRAY, J. R., TANG, Y. Y., WEBER, J. y KOBER, H. «Meditation experience is associated with differences in default mode network activity and connectivity». *Proc. Natl. Acad. Sci. USA*, 108 (50), 20254-20259. 2011.

–BRONSON, S. L. y BALE, T. L. «The placenta as a mediator of stress. Effects on Neurodevelopmental Reprogramming». *Neuropsychopharmacology*, 41 (1), 207-218. 2016.

–BUSS, C., DAVIS, E. P., HOBEL, C. J. y SANDMAN, C. A. «Maternal pregnancy-specific anxiety is associated with child executive function at 6–9 years age». *Stress*, 14(6), 665–676. 2011.

–CLASS, Q. A., ABEL, K. M., KHASHAN, A. S, RICKERT, M. E., DALMAN, C., LARSSON, H., HULTMAN, C.M., LÅNGSTRÖM, N., LICHTENSTEIN, P. y D'ONOFRIO, B. M. «Offspring psychopathology following preconception, prenatal and postnatal maternal bereavement stress». *Psychol Med*, 44(1), 71-84. 2014. 2014.

–CRESWELL, J. D., WAY, B. M., EISENBERGER, N. I. y LIEBERMAN, M. D. «Neural correlates of dispositional mindfulness during affect labeling». *Psychosom Med*, 69 (6), 560-565. 2007.

–DAVIDSON, R. J., KABAT-ZINN, J., SCHUMACHER, J., ROSENKRANZ, M., MULLER, D., SANTORELLI, S. F., URBANOWSKI, F., HARRINGTON, A., BONUS, K. y SHERIDAN, J. F. «Long-term meditators self-induce high-amplitude gamma synchrony during mental practice». *Proc. Natl. Acad. Sci. USA*, 101(46), pp. 16369-16373. 2003.

–DEL CERRO, M. C., PÉREZ-LASO, C., ORTEGA, E., MARTÍN, J. L., GÓMEZ, F., PÉREZ-IZQUIERDO, M. A. y SEGOVIA, S. «Maternal care counteracts behavioral effects of prenatal environmental stress in female rats». *Behav Brain Res*, 208 (2), 593-602. 2010.

–DEL CERRO, M. C., ORTEGA, E., GÓMEZ, F., SEGOVIA, S. y PÉREZ-LASO, C. «Environmental prenatal stress eliminates brain and maternal behavioral sex differences and alters hormone levels in female rats». *Horm Behav*, 73, 142-147. 2015.

–DEL CERRO, M. C. *El cerebro afectivo*. Barcelona. Plataforma Editorial. 2017.

–DESBORDES, G., NEGI, L. T., PACE, T. W., WALLACE, B. A., RAISON, C. L. y SCHWARTZ, E. L. «Effects of mindful-attention and compassion meditation training on amygdala response to emotional stimuli in an ordinary, non-meditative state». *Frontiers Human Neuroscience*, 1, 6, 292. 2012.

–DOLL, A., HÖLZEL, B.K., MULEJ BRATEC, S., BOUCARD, C.C., XIE, X., WOHLSCHLÄGER, A.M. y SORG, C. «Mindful attention to breath regulates emotions via increased amygdala-prefrontal cortex connectivity». *Neuroimage*, 134, 305-313. 2016.

–DUNKEL-SCHETTER, C. «Psychological science on pregnancy: stress processes, biopsychosocial models, and emerging research issues». *Annu Rev Psychol*, 62, 531-558. 2011.

–DUNKEL-SCHETTER, C. y TANNER, L. «Anxiety, depression and stress in pregnancy: implications for mothers, children, research, and practice». *Curr Opin Psychiatry*, 25(2), 141-148. 2012.

–ELLIS, L., y COLE-HARDING, S. «The effects of prenatal stress, and of prenatal alcohol and nicotine exposure, on human sexual orientation». *Physiol Behav*, 74(1-2), 213-226. 2001.

–ENTRINGER, S., EPEL, E. S., KUMSTA, R., LIN, J., HELLHAMMER, D. H., BLACKBURN, E. H., WÜST, S. y Wadhwa, P. D. «Stress exposure in intrauterine life is associated with shorter telomere length in young adulthood». *Proc Natl Acad Sci USA*, 108 (33), E513-518. 2011.

–FRIDE, E., DAN, Y., FELDON, J., HALEVY, G., WEINSTOCK, M. «Effects of prenatal stress on vulnerability to stress in prepubertal and adult rats». *Physiol Behav*, 37(5), 681-7. 1986.

–GETHIN, R. «On some definitions of Mindfulness». *Contemporary Buddhism*, 12, 1, 263-279. 2011.

–GLYNN, L. M., DUNKEL-SCHETTER, C., HOBEL, C. J. y SANDMAN, C. A. «Pattern of perceived stress and anxiety in pregnancy predicts preterm birth». *Health Psychology*, 27(1), 43–51. 2008.

–GRIZENKO, N., SHAYAN, Y. R., POLOTSKAIA, A., TER-STEPANIAN, M. y JOOBER, R. «Relation of maternal stress during pregnancy to symptom severity and response to treatment in children with ADHD». *J Psychiatry Neurosci*, 33(1), 10-16. 2008.

–GUILLAMÓN, A y SEGOVIA, S. «El sexo del cerebro». *Investigación y Ciencia. Mente y Cerebro*, 25, 68-77. 2007.

–GREEN, M. K., RANI, C. S., JOSHI, A., SOTOPIÑA, A. E., MARTÍNEZ, P. A., FRAZER, A., STRONG, R. y MORILAK, D. A. «Prenatal stress induces long term stress vulnerability, compromising stress response systems in the brain and impairing extinction of conditioned fear after adult stress». *Neuroscience*, 29, 192, 438-451. 2011.

–HARLOW, H. «The nature of love». *American Psychologist*, 13, 673-685. 1958.

–«Development of affection in primates». In: E L Bliss (Ed). *Roots of Behavior*. New York: Harper, pp. 157–166. 1962.

–JACOBS, T. L., EPEL, E. S., LIN, J., BLACKBURN, E. H., WOLKOWITZ, O. M., BRIDWELL, D. A., ZANESCO, A. P., AICHELE, S. R., SAHDRA, B. K., MACLEAN, K. A., KING, B. G., SHAVER, P. R., ROSENBERG, E. L., FERRER, E., WALLACE, B. A., SARON, C. D. «Intensive meditation training, immune cell telomerase activity, and psychological mediators». *Psychoneuroendocrinology*, 2011, 36 (5), p.p. 664-681. 2011.

–JEVNING, R., WALLACE, R. K. y BEIDEBACH, M. «The physiology of meditation: a review. A wakeful hypometabolic integrated response». *Neuroscience and Biobehavioral Reviews*, 16, 415-424. 1992.

–KABAT-ZINN, J. *Vivir con plenitud las crisis*. Barcelona. Ed. Kairós. 1990.

–*La práctica de la atención plena*. Barcelona. Ed. Kairós. 2005.

–KIM, P., LECKMAN, J. F., MAYERS, L. C., FELDMAN, R., WANG, X. y SWAIN, J. E. «The Plasticity of Human Maternal Brain: Longitudinal Changes in

Brain Anatomy During the Early Postpartum Period». *Bevah Neurosci*, 124 (5), 695-700. 2010.

–KIM, P., RIGO, P., MAYERS, L. C., FELDMAN, R., LECKMAN, J. F. y SWAIN, J. E. «Neural Plasticity in Fathers of Human Infants». *Soc Neurosci*, 9 (5), 522-535.

–KIM, P., STRATHEAM, L. y SWAIN, J. E. (2016). «The maternal brain and its plasticity in humans». *Hormon Behav*, 77, 113-123.

–LEE, Y. A., KIM, Y. J. y GOTO, Y. «Cognitive and affective alterations by prenatal and postnatal stress interaction». *Physiol Behav*, 165, 146-153. 2016.

–LEMAIRE V., KOEHL, M., LE MOAL, M. y ABROUS, D. N. «Prenatal stress produces learning deficits associated with an inhibition of neurogenesis in the hippocampus». *Proc Natl Acad Sci USA*, 97(20):11032-11037. 2000.

–LI, J., OLSEN J., VESTERGAARD, M. y OBEL, C. «Attention-deficit/hyperactivity disorder in the offspring following prenatal maternal bereavement: a nationwide follow-up study in Denmark». *Eur Child Adolesc Psychiatr*, 19 (10), 7477-53. 2010.

–LUCAS, A. «Programming by early nutrition in man». En: BLOCK, G. R. y WHELAN, J. (Eds). *The Childhood Environment and Adult Disease*. Hoboken, NJ. John Whiley & Sons, pp. 38-55. 1991.

–MAIN, M. y HESSE, E. «Parents' unresolved traumatic experiences are related to infant disorganized attachment status: Is frightened or frightening parental behavior the linking mechanism?» En: GREENBERG, M., CICCHETTI, D. y CUMMINGS, E. M. (Eds.). *Attachment in the preschool years*. Chicago, IL. University of Chicago Press, pp. 161-182. 1990.

–MAIN, M., KAPLAN, N. y CASSIDY, J. «Security in infancy, childhood, and adulthood: A move to the level of representation». *Monographs of the Society for Research in Child Development*, 50 (1-2, Serial No. 209), 66-104. 1985.

–MCDONALD S. W., KINGSTON, D., BAYRAMPOUR, H., DOLAN, S. M. y TOUGH, S. C. «Cumulative psychosocial stress, coping resources, and preterm birth». *Arch Womens Ment Health*, 17(6), 559-568. 2014.

–MARKHAM, J. A., TAYLOR, A. R., TAYLOR, S. B., BELL, D. B. y KOENIG, J. I. «Characterization of the cognitive impairments induced by prenatal exposure to stress in the rat». *Front Behav Neurosci*, 2010, 4,173. 2010.

–MARRONE, M. *La teoría del apego*. Madrid, Psimática. 2009.

–MARTÍNEZ-TÉLLEZ, R. I., HERNÁNDEZ-TORRES, E., GAMBOA, C., FLORES, G. «Prenatal stress alters spine density and dendritic length of nucleus accumbens and hippocampus neurons in rat offspring». *Synapse*, 63(9), 794-804. 2009.

–MATVINEKO-SIKAR, K., LEE, L., MURPHY, G. y MURPHY, L. «The Effects of Mindfulness Interventions on Prenatal Well-being: A Systematic Review». *Psychol Health*, 18, 1-34. 2016.

–MURPHY, M. y DONOVAN, S. *The physical and psychological effects of meditation. A review of contemporary research with a comprehensive bibliography, 1931-1996* (2ª ed.). Sausalito (CA): Institute of Noetic Sciences.

–O'CONNOR, T. G., HERON, J. y GLOVER, V., Alspac Study Team. «Antenatal anxiety predicts child behavioral/emotional problems independently of postnatal depression». *J Am Acad Child Adolesc Psychiatry*, 41(12), 1470-1477. 2002.

–O'CONNOR T. G., HERON, J., GOLDING, J. y GLOVER, V.; ALSPAC Study Team. «Maternal antenatal anxiety and behavioural/emotional problems in children: a test of a programming hypothesis». *J Child Psychol Psychiatry*, 44(7), 1025-1036. 2003.

–PARK, S., CHO, S. C., KIM, J. W., SHIN, M. S., YOO, H. J., OH, S. M., HAN, D. H., CHEONG, J. H. y KIM, B. N. «Differential perinatal risk factors in children with attention-deficit/hyperactivity disorder by subtype». *Psychiatry Res*, 219(3), 609-616. 2014.

–PÉREZ-LASO, C., SEGOVIA, S., MARTÍN, J. L., ORTEGA, E., GÓMEZ, F. y DEL CERRO, M. C. «Environmental prenatal stress alters sexual dimorphism of maternal behavior in rats». *Behav Brain Res*, 187(2), 284-288. 2008.

–PÉREZ-LASO, C., ORTEGA, E., MARTÍN, J. L., PÉREZ-IZQUIERDO, M. A., GÓMEZ, F., SEGOVIA, S. y DEL CERRO, M. C. «Maternal care interacts with prenatal stress in altering sexual dimorphism in male rats». *Horm Behav*, 64 (4), 624-633. 2013.

–RAICHLE, M. E., MACLEOD, A. M., SNYDER, A. Z., POWERS, W. J., GUSNARD, D. A. y SHULMAN, G. L. «A default mode of brain function». *Proc. Natl. Acad. Sci. USA*, 98 (2), 676-682. 2001.

–RICARD, M., LUTZ, A. y DAVIDSON, R. J., «En el cerebro del meditador», *Investigación y Ciencia*, enero, 2015, pp. 19-25.

–RONALD, A., PENNELL, C. E. y WHITEHOUSE, A. J. «Prenatal maternal stress associated with ADHD and autistic traits in early childhood». *Front Psychol*, 19 (1), 223. 2011.

–ROSE, M. S., PANA, G. y PREMJI, S. «Prenatal Maternal Anxiety as a Risk Factor for Preterm Birth and the Effects of Heterogeneity on This Relationship: A

Systematic Review and Meta-Analysis». Biomed Res Int, 8312158. 2016.

–SABLE, M. R. y WILKINSON, D. S. «Impact of perceived stress, major life events and pregnancy attitudes on low birth weight». *Fam Plann Perspect*, 32(6),288-294. 2000.

–SEGOVIA, S. «Psicología y Psicobiología de *Mindfulness*». En: SANTED, M. A., SEGOVIA, S. y SIMÓN, V. *Manual de Mindfulness y Psicoterapia*. Valencia. VIU, pp. 21-29. 2013.

–SEGOVIA, S. *Mindfulness: Un camino de desarrollo personal. Bilbao*. Desclée de Brouwer. 2017.

–SHALEV I., ENTRINGER, S., WADHWA, P. D., WOLKOWITZ, O. M., PUTERMAN, E., LIN, J. y EPEL, E. S. «Stress and telomere biology: a lifespan perspective». *Psychoneuroendocrinology*, 38 (9), 1835-1842. 2013.

–SIEGEL, R. D. *La solución mindfulness*. Bilbao. Desclée de Brouwer. 2011.

–SMITH, B, L., WILLS, G. y NAYLOR, D. «The effects of prenatal stress o. rat offsprings' learning ability». *J Psychol*, 107(1st Half), 45-51. 1981.

–SINGER, T. y KLIMECKI, O. M. «Empathy and compassion». *Current Biology*, 22, 24 (18), 875-878. 2014.

–SOARES, I. y DIAS, P. «Apego y psicopatología en jóvenes y adultos: contribuciones recientes de la investigación». *Inter J Clinical and Health Psychology*, 7 (1), 177-195. 2007.

–SWAIN, J. E. «Brain Imaging of Human Parent-Infant Relationships». *Arch. Womens Ment. Health*, 14, 93–94. 2011.

–TAYLOR, V. A., GRANT, J., DANEAULT, V., SCAVONE, G., BRETON, E., ROFFE-VIDAL, S., COURTEMANCHE, J., LAVARENNE, A. S., BEAUREGARD, M. «Impact of mindfulness on the neural responses to emotional pictures in experienced and beginner meditators». *Neuroimage*, 57 (4), 1524-1533. 2011.

–THICH NHAT HANH. *Cómo lograr el milagro de vivir despierto.* Barcelona. CEDEL, 1995.

–VAN DEN BERGH, B. R., VAN CALSTER, B., SMITS, T., VAN HUFFEL, S. y LAGAE, L. «Antenatal maternal anxiety is related to HPA-axis dysregulation and self-reported depressive symptoms in adolescence: a prospective study on the fetal origins of depressed mood». *Neuropsychopharmacology*, 33(3), 536-545. 2008.

–VINCENT, J. L., KAHN, I., SNYDER, A. Z., RAICHLE, M. E. y BUCKNER, R. L. «Evidence for a Frontoparietal Control System Revealed by Intrinsic Functional Connectivity». *Journal of Neurophysiology*, 100 (6), 3328-3342. 2008.

–WARD, I. L. «Prenatal stress feminizes and demasculinizes the behavior of males». *Science,* 175(4017):82-4.

–WARD I. L. y WEISZ, J. «Maternal stress alters plasma testosterone in fetal males». *Science,* 207 (4428), 328-329. 1980.

–WEINSTOCK, M. «Gender differences in the effects of prenatal stress on brain development and behavior». *Neurochem Res.* 32(10):1730-1740. 2007.

–WELLER, A., GLAUBMAN, H., YEHUDA, S., CASPY, T. y BEN-URIA, Y. «Acute and repeated gestational stress affect offspring learning and activity in rats». *Physiol Behav,* 43(2), 139-143. 1988.

–WILSON, C. A., SCHADE, R. y TERRY, A. V. Jr. «Variable prenatal stress results in impairments of sustained attention and inhibitory response control in a 5-choice serial reaction time task in rats». *Neuroscience,* 218, 126-137. 2002.

–WOODS, S. M., MELVILLE, J. L., GUO, Y., FAN, M. Y. y GAVIN, A. «Psychosocial stress during pregnancy». *Am J Obstet Gynecol*, 202(1), 61.e1-61.e7. 2010.

–ZOHSEL, K., BUCHMANN, A. F., BLOMEYER, D., HOHM, E., SCHMIDT, M. H., ESSER, G., BRANDEIS, D., BANASCHEWSKI, T. y LAUCHT, M. «Mothers' prenatal stress and their children's antisocial outcomes -a moderating role for the dopamine D4 receptor (DRD4) gene». *J Child Psychol Psychiatry*, 55(1), 69-76. 2014.

–ZHU, P., HAO, J. H., TAO, R. X., HUANG, K., JIANG, X. M., ZHU, Y. D. y TAO, F. B. «Sex-specific and time-dependent effects of prenatal stress on the early behavioral symptoms of ADHD: a longitudinal study in China». *Eur Child Adolesc Psychiatry*, 24(9),1139-1147. 2015

Para una mayor información de los programas
Mindfulness Based Mental Balance,
el lector puede dirigirse a:
*http://www.eleapsicopedagogia.es/*

9 781719 916844